Sayuri's Cookbook Series vol.3

Sayuri's Raw Vegan Sweets

世界最強・最新
ロー・ヴィーガン スウィーツ

グルテンフリー＆パレオダイエット

田中さゆり

ご家族や愛する人のために最良のヘルシーデザートを探していたあなたに

次の日に作る甘～いクリームの夢を見て眠りにつき

新しいクリエイションに興奮して翌朝目覚める私のような

食べるのも作るのも大好きな人のために、

そしてもちろん、デザートを思いっきり楽しみ

体重が増えることを心配することなく（食べる量にもよりますよ！）

その美味しさにどっぷりと浸りたいと思う、全てのスイーツラバーに捧げます。

愛と感謝を込めて。

2016年　さゆり

Contents

目次

著者について ···················· 6
はじめに ······················ 8
マイ・スウィーツ・ジャーニー ······ 10
お料理を始める前に ·············· 12
ロースウィーツのための道具 ········ 14
基本の材料 ···················· 16

Techniques and Advance Preparation
基本のテクニックと下準備 ···· 22

ナッツミルク ···················· 23
ナッツパルプとフラワー（粉）········ 24
アーモンド＆フラックスシードの粉末 ·· 25
ナッツや種の浸水と活性化 ·········· 26
手作りナッツバター ·············· 28
アイリッシュモスペースト ·········· 30
デーツペースト ·················· 31
ココナッツシュガーシロップ ········ 31

Breakfast for a Sweet Tooth
甘いもの好きのブレックファースト ··· 32

メープルバナナパンケーキ ·········· 33
チョコレートマフィン with レモンアイシング ··· 35
レモンアイシング ················ 35
キャロットマフィン with バニラフロスティング ··· 36
バニラフロスティング ············· 37
チョコレートクレープ ············· 39
イチゴロール ···················· 41
バナナブレッド with ココナッツクリームチーズ ··· 43
ピーカン＆クランベリー・スウィートブレッド ··· 45
アサイーボウルのスーパーフードトッピング ··· 47

Sweet Creams and Sauces
クリーム＆ソース ············ 48

イチジクのコンポート ············· 49
ホームメイドヌテラ ·············· 49

ココナッツクリームチーズ ·········· 50
ブルーベリージャム ·············· 50
バニラホイップクリーム ··········· 51
アボカドホイップクリーム ·········· 51
マカキャラメルクリームソース ······ 53
チョコレートガナッシュソース ······ 53

Pudding and Mousses
プディング＆ムース ·········· 54

チョコレートバナナチアプディング ··· 55
チャイ風味のチアポリッジ ·········· 55
ドラゴンココナッツプディング ······ 57
ヘーゼルナッツのチョコレートムース ··· 59
ストロベリームース ·············· 59
ホワイトチョコレートムース with ブルーベリーソース ······ 61

Cakes, Doughnuts, and Crumbles
ケーキ＆ドーナツ＆クランブル ··· 62

ティラミス ···················· 63
抹茶ティラミス ·················· 65
ストロベリー・ショートケーキ ······ 69
レモンポピーシードケーキ ·········· 71
フルーツケーキ ·················· 75
チョコレートブラウニー with アイスクリーム＆チョコレートガナッシュ ··· 77
サモア風ココナッツドリームケーキ ··· 79
バナナキャロブケーキ ············· 81
キャラメルドーナツ ·············· 83
ピンクラベンダーフロスティング ···· 85
ピーチクランブル with バニラアイスクリーム ··· 87

Cheesecake
チーズケーキ ················ 90

ブルーベリー・チーズケーキ ········ 91
マンゴー・チョコレート・チーズケーキ ··· 93
ラズベリー・マーブル・チーズケーキ ··· 95

ミント・スピルリナ・チーズケーキ ……………………… 96
"オレオ" クリームチーズケーキ ………………………… 99
ストロベリー "オレオ" クリームチーズケーキ …… 100
ミント＆スピルリナ "オレオ" クリームチーズケーキ … 101
モリンガミントチョコチップ "オレオ" クリームチーズ
ケーキ …………………………………………………………… 101
パッション・チーズケーキ ……………………………… 102
バナナ・キャラメル・チーズケーキ ………………… 105
柿のチャイ風味チーズケーキ ………………………… 106
オレンジ・ホワイトチョコレート・チーズケーキ …… 109

Tarts and Pies
タルト ＆ パイ …………………… 110
季節のフルーツタルト …………………………………… 111
ダブルチョコレートパイ ………………………………… 113
バナナドリームパイ ……………………………………… 115
ココナッツメレンゲパイ ………………………………… 116
パンプキンパイ …………………………………………… 119
バノフィーパイ …………………………………………… 121
キーライムココナッツパイ ……………………………… 123

Cookies and Biscuits
クッキー＆ビスケット …………… 124
アプリコットジャム ＆ アーモンドバタークッキー … 125
チョコレートビスケット ………………………………… 127
マジパン・ショートブレッド with チョコレート＆塩キャラ
メル ………………………………………………………………… 129
マカダミア＆ホワイトチョコレートドロップクッキー … 131
チョコレートカバード・バニラクッキー ………… 133

Raw Chocolates
ローチョコレート …………………… 134
ダーク＆ミルク＆ホワイトチョコレート ………… 135
簡単ダークチョコレート ………………………………… 135
本格ダークチョコレート ………………………………… 136

ミルクチョコレート ……………………………………… 137
ホワイトチョコレート …………………………………… 137
アーモンドトリュフ ……………………………………… 141
アラビア風オレンジタヒニトリュフ ………………… 141
ヘーゼルナッツファッジ ………………………………… 143
バニラホワイトチョコレートファッジ ……………… 143
トリコカラーキッス 〜ラベンダーホワイト／ミントグリー
ン／ローズピンクの３色トリュフ〜 ………………… 145
スニッカーズバー ………………………………………… 147

Superfood Bliss Balls and Candies
スーパーフードブリスボール＆
キャンディー …………………………… 148
チョコレートブリスボール ……………………………… 149
アプリコットチャイボール ……………………………… 149
マカキャラメルキャンディー …………………………… 150
ブラジリアン・コーヒーキャンディー ……………… 151
ハルヴァ …………………………………………………… 153
チョコレートカバード・チェリーケーキポップ ……… 155

Ice Cream
アイスクリーム ……………………… 156
アイスクリーム用クランチートッピング ………… 157
バニラアイスクリーム …………………………………… 157
キャラメルアイスクリームコーンカップ ………… 158
ラムレーズンアイスクリーム …………………………… 160
アボカドココナッツアイスクリーム ………………… 161
モリンガミントチョコレートチップアイスクリーム …… 163
クイックバニラソルベ …………………………………… 164
クイックピーナッツバターアイスクリーム ……… 165
クイックオレンジカカオソルベ ……………………… 165
ミニバナナスプリット …………………………………… 166
マンゴーブルーベリーアイスキャンディー ……… 167

About the Author

著者について

田中さゆり

リトリートシェフ&ローフード講師
ロー／ヴィーガンフードコンサルタント

　1975年生まれ。日本でのワールドワイドデリカテッセンカフェとヴィーガンカフェでの経験をもとに、インドにて5年間のヨガリトリートシェフ、バリにて3年間のヨガティーチャートレーニングの専属シェフを務めた後、バリ島に拠点を置き、リトリート企画と運営をはじめる。

　2014年には、ローフードカフェ the Seed of Life café を立ち上げ、2016年には、カフェと料理教室、ヨガスペースの Sayuri Healing Food を立ち上げると共に、それを拠点に、バリにて定期的にローフードシェフトレーニングや、リトリートを開催する。

　また、リトリートシェフやローフード講師として、世界中で活躍すると共に、数冊の料理本を出版し、カフェメニューのコンサルタントをも手がける。

　自らも長年のヨガの実践者であるため、リトリートではローフードやヴィーガンフード、マクロビオティックなど、ヨギーや個人のニーズ、必要に応じての料理を得意とし、心も身体もハッピーで健康になる食事を提供する。自他とも認める筋金入りロースウィーツ好き。

www.sayurihealingfood.com
tanaka.sayuri@gmail.com

Foreword

はじめに

　ローフードの世界にいちば〜ん入りやすい、ロースウィーツ。ロースウィーツやローチョコがきっかけで、ローフードの世界に興味を持ったのは、私だけではないのでは？ あなたがもしすでにローフードのトリコで、愛する人やご家族にその魅力を紹介したいと思ったなら、ロースウィーツが絶好のきっかけとなります！ 単純に、美味しいというだけでなく、愛に溢れ、ヘルシーで、栄養満点、酵素たっぷりのロースウィーツを、是非ともお友達やご家族とシェアしてください！

　ジャンクなお菓子を食べた後に、後悔の念を抱いたことがあるのは、案外多くの人が経験することではないでしょうか？ 罪悪感や、体が重く感じたり、エネルギーの停滞を体感したことはないでしょうか？ 寂しさやストレスの穴埋めをするために食べるという経験をしたことはありませんか？ 食べることに、慰めや癒しを求めたことはありませんか？
　正直、私がそうでした。
　大量生産の工場で作られるお菓子は、精製、加工された白砂糖、粉、油や塩、殺菌された乳製品をたくさん含みます。これらは、感覚を鈍くし、五感や意識を麻痺させ、私たちの気持ちや感情を覆ってくれるので、私たちはそのネガティブな感情や痛みを感じにくくなくなるのです。ただし、根本的に痛みを治すわけではなく、これらの感情は体内に蓄積され、身体的な病気や不調として反映されます。また、これらの食品は、多くの場合、添加物や化学物質がたくさん使われているため、同じく体内に蓄積され、身体的、精神的弊害を引き起こす要因となり得ます。

　それとは反対に、ロースウィーツは豊富な栄養素と抗酸化物質、植物栄養素を含み、私たちにエネルギーと喜びと、ポジティブなバイブレーションを与えてくれます。そして何より、ロースウィーツは、市販のお菓子に比べて遥かに美味しく心がこもっています。ですから、誰にとってもヘルシーなスウィーツの選択といえます。これら全ての特別なスウィーツが、動物性食品、小麦、白砂糖なしでできていて、全てのマフィンやクッキーが焼かずにできているなんて、あまりにもおいしい話で信じられないかもしれませんが、本当なのです。そんな都合の良いスウィーツは存在するのです！ さらに、グッドニュース！ 美味しいだけでなく、とても簡単に作れてしまうのです！ 伝統的なお菓子作りが1グラム単位での厳密な計量を求められるのに対して、ロースウィーツは気の向くまま、そのときの気分で作ることができるのが魅力です。

　この本の全てのレシピは乳製品、小麦、白砂糖なしのスウィーツです！ ですから、グルテンや乳糖を避けたい方にはぴったりです。

　とにかく百聞は一見にしかず、ならぬ、百聞は一食にしかず！
　必要なのは、一口試してみることです。きっと私の言っている事が分かってもらえるはずです。

My Sweets Journey

マイ・スウィーツ・ジャーニー

　友人の間で私は、甘いもの好きとして有名です。甘いもので生きていけるくらいの筋金入り。子供の頃、そんな私にお料理の楽しさを教えてくれたのは母でした。すぐにクッキーやケーキを自分一人でも作り始め、天板いっぱいのシュークリームを一人で完食していました。そのうちに学校の友人とシェアするようになり、気がつけば学校が終わった後、友達が私の家に来ては、クッキーやケーキが出来上がるのを待つようになりました。

　実は、私はどれだけスウィーツをたくさん食べても太ることはありませんでした。高校入試のためにクラブ活動をやめて、受験勉強しなければならなくなった時点までは。これが、私の興味をヘルシースウィーツに向けたきっかけでした。これ以降、私は乳製品や砂糖なしのスウィーツや、豆腐で作ったムースやプディング、全粒粉を使った焼き菓子等を作りはじめたのです。良い出だしのように思えますが、そのときの私の興味はカロリーが全てでした。美味しいおやつを毎日食べたいけれど太りたくない、だから低糖、低脂肪、低カロリーのスウィーツ作りに夢中になり、当時出回っていた全ての砂糖の代用品を片っ端から試し、今振り返ると最悪の選択であるアスパルテームやヴィーガンマーガリンなどを使用し、もちろんそれが一番ヘルシーなのだと信じていました。結果、これらの化学物質によってバランスを失ったのはもちろんのこと、私は普通のお菓子を食べることに恐怖を感じるようになりました。ホームメイドの心がこもった白砂糖たっぷりのお菓子なんてもってのほか、手を出すことさえできなくなりました。

　そしていつの間にか、私の極端な"ヘルシー"スウィーツは、私の逃げ道となり、孤独と寂しさ、不安と満たされない気持ちなど、全てのネガティブな感情をそれで満たそうとしました。

　ですから、そんな私がマクロビオティックを知ったときは、とにかく革命的でした。私の食べるものが、私自身の人となりと思考に反映するなんて、なんと興味深いことだろうか。それだけでなく私自身の身の回りの全てに反映されるということに、深いレベルで気がつきました。オーガニックや自然農で育てられた地元の季節野菜をいただくことで、自然や自分自身との平和と調和をもたらし、食べ物の普遍的なエネルギーの性質を知り適用することで、肉体と精神状態のバランスを取るなんて、なんて美しく興味深いことなのだろうと思いました。私はその時、自分と周りの人を癒すことのできる食の可能性を把握しました。

　SAD：Standard American diet（標準的なアメリカの影響を受けた食事）で育った私にとって、突然全てのつじつまが合い始めました。物事を見る見方さえシフトしました。それは、"食べること"に対する全ての私の態度を変え、食べることの喜びを取り戻し、しばらく見失っていた、シェアすることの喜びを取り戻しました。中でも最も私を夢中にしたものは、ヴィーガンやマクロビオティックのスウィーツでした。素朴で落ち着いた美味しいお菓子を作ることで、私のココロは癒され、満たされました。それをシェアすることで、より癒され、感謝して意識していただくことで、より心と体が養われることに気付きました。私は、人々のために食べ物を作りそれをシェアすることで、愛のエネルギーを交換し始めました。突然、私の中に眠っていた愛が再び循環し出しました。そうすることで、他の全てが流れ始めたのです。

　それから、旅を始めて、"ローフード"に出会いました。"ロースウィーツ"を知った時、"まさにこれだ！"と思いました！　それは私が長い間を探し求めていた"ヘルシー"スウィーツの答えでした。その喜びと幸せ、おい

しさと感覚は、更なる上のレベルでした。ヴィーガンマクロビオティックスウィーツはおいしくて、素朴で、落ち着きをもたらしてくれ、魅力いっぱいだけれど、ローヴィーガンスウィーツは驚く程美味しく、高揚感をもたらし、表現豊かで、センセーショナル、そして何と言っても完全に罪悪感フリー（なし）！

　私たちは"エネルギー"をいただきます。そして私たちは食べ物を通して、愛のエネルギーを交換します。もしも"you are what you eat"（食べ物はその人となりである）という言い伝えが本当であるならば、私は私が食べるその愛になりたい。私は栄養や生命力に満ちあふれた、波動の高い食べ物をいただき、確固とした湧き出るような、輝ける無限の愛でありたい。

　私はまだまだ自分探しの旅の途中です。ひとつひとつの経験は、自分自身を理解する貴重な体験です。内なる真実の愛を見つける旅。そしてそれがいつか独自の光となり、私の潜在的人生の目的を果たすことができるように。私の今世の使命は、食を通してそれを学ぶことのようです。

Important Notes Before Starting

お料理を始める前に

❀ 計量基準について

1 カップ	200㎖（cc）	
2/3 カップ	約 130 ㎖（cc）	
1/2 カップ	100㎖（cc）	
1/3 カップ	約 60 ㎖（cc）	大さじ 4
1/4 カップ	50㎖（cc）	
	15㎖（cc）	大さじ 1
	5㎖（cc）	小さじ 1

"㎖"と"cc"は同じです。どちらも容量を表します。計量カップや計量スプーンで計ります。本書では統一して、容量は㎖で表記しています。

"g"とはグラムのことで、重さを表します。はかりを使って計量します。

❀ ナッツの浸水について

本書では、ナッツや種の分量は全て浸水前の分量です。浸水後に計量する場合は、浸水によりかさが増すため1.2 〜 2 倍で計算してください。 ◀ ナッツや種のそれぞれの浸水後の算出はP27「浸水・発芽時間表」参照

レシピで、浸水の指示がない場合は、ドライの（乾燥した）ナッツを使うという意味です。理想的には活性化しているナッツを使うことで、最大限の栄養素や生命力を取り入れることができるので、できれば一度浸水させてから、ディハイドレーターまたは天日で、完全に乾燥させてから使うことをオススメします。

Tools for Raw Sweets

ロースウィーツのための道具

❀ 必要機器

◆ ハイパワーブレンダー
> バイタミックス、ブレンテック等

ロースウィーツのレシピのほとんどに、ブレンダーが登場します。ハイパワーブレンダーは、あなたのスウィーツをスーパークリーミーな質感と、格別な美味しさに仕上げてくれます。

ブレンテック　　バイタミックス

◆ フードプロセッサー
> クイジナート、キッチンエイド等

最初は手軽なフードプロセッサーで始めても大丈夫です。クラストやブリスボールなどを作るのに活躍します。

フード・プロセッサー

◆ ディハイドレーター
> エクスカリバー、セドナ、ドライフードエアー等

浸水したナッツや種を乾燥させたり、クッキーやマフィンを作ったり、ドライフルーツを作ったり、ケーキをリサイクルしてクッキーに変身させたり、プディングをリサイクルしてスウィートクラッカーに変身させる等、色々活躍します。ただし、ディハイドレーターを使わないレシピはたくさんあるから心配しないで。ディハイドレーターがなくてもおいしいパイやタルト、ケーキが作れます。
通常必要となるノンスティックシートは、ディハイドレーターに付属していないので、別途での購入をお忘れなく。

ディハイドレーター

❀ 基本的な器具

- ◆ ナイフとまな板
- ◆ ゴムベラとオフセットスパチュラ ①
- ◆ ボウルとザル
- ◆ 計量スプーンと計量カップ、はかり ②
- ◆ 泡立て器
- ◆ おろし金またはマイクロプレーン ③
- ◆ ナッツミルクバッグまたはガーゼ布やさらし
  （ナッツミルクを作るときに使う）
- ◆ レモン絞り器

①オフセットスパチュラ

①ゴムベラ

②計量スプーン　　②計量カップ

④ナッツミルク・バッグ　　③マイクロプレーン

⑤ケーキ型　　⑥パイ・タルト型　　⑦ティラミス型　　⑧チョコレート型

- **21～23cm の底が抜けるケーキ型** ⑤
- **23cm の底が抜けるパイ・タルト型** ⑥
- **21×21cm の容器**（ティラミス用）⑦
  （底が抜ける型が理想的）
- **チョコレート型**⑧ **またはアイスキューブトレイ**（チョコレート用）
- **シリコン製ミニマフィン型**（マフィン用）⑨
  （シリコン製が使いやすい）
- **18×10cm のシリコン製パウンドケーキ型**（バナナキャロブケーキ用）⑨
  （シリコン製が使いやすい）
- **絞り袋や口金**（ケーキデコレーション用）⑩

⑨ミニマフィン型

⑨シリコン製パウンドケーキ型

❀ あると便利なアイテム

- **アイスクリームメーカー** ⑪
  （クイジナート、パナソニックのホームサイズメーカー等
  なめらかでガチガチに凍りつかないアイスクリームを作るのに役立ちます。）
- **食品用温度計**
  （チョコレートをテンパリングする時に使う）
- **斧**（おの）
  （フレッシュのココナッツが手に入る場合に、ココナッツを割って開けるために使う）

⑩絞り袋や口金

❀ 機器入手先

- **ハイパワーブレンダー**
  バイタミックス：www.vita-mix.jp
  ブレンドテック：blendia.jp
- **フードプロセッサー**
  クイジナート：www.cuisinart.co.jp
  キッチンエイド：www.kitchenaid.jp
- **ディハイドレーター**（エクスカリバー、セドナ、ドライフードエアー）
  ロハス：www.rawfood-lohas.com

⑪アイスクリームメーカー

Staple Ingredients and Raw Alternatives

基本の材料 〜ロースウィーツに必要な材料とローでの代用品〜

✿ ローでの代用品

以下の表では、従来のスウィーツに使う材料を、いかにロースウィーツ用の材料に置き換えるかを示しています。この表を使って、従来の古典的スウィーツ料理本から新しいロースウィーツを創作しましょう。私はこの方法でインスピレーションを得ることがよくあります。

従来のスウィーツ	ロースウィーツ
小麦粉	ナッツパルプ（ナッツミルクを作った後の搾りかす）、ナッツフラワー（ナッツミルクの搾りかすを乾燥させ粉末状にしたもの）、粉末にしたナッツ
ミルクとクリーム	ナッツや種
バター	ココナッツオイル、カカオバター、アボカド、ナッツや種
白砂糖	はちみつ、デーツ、フルーツ、ココナッツシュガー、メープルシロップ等（詳しい説明は、「各材料の特徴について」の章を参照）
ゼラチン	アイリッシュモス
卵	フラックスシード、チアシード、サイリウムハスク（オオバコパウダー）、レシチン

✿ 原材料の代用品

材料が手に入りにくい場合、地元で手に入る、なじみのあるもので代用しても良いでしょう。ここでは、代用品の例をいくつかご紹介します。

材料	代用品
クリーム用の柔らかいココナッツの果肉	カシューナッツ
クリーム用のカシューナッツ	マカダミアナッツ、松の実、ヘーゼルナッツ、ブラジリアンナッツ（ブラジルナッツ）、柔らかいココナッツの果肉
ミルク、クッキー、ケーキ、タルトクラストやブリスボール用のナッツ	好みのナッツや種
タルトクラストやブリスボール用のデーツ	好みのドライフルーツ
クリーム用の甘味料としてのデーツ	好みの甘味料
レシチン	ほとんどの場合、なければ省略可
ココナッツオイル	カカオバター
フラックスシード	チアシード、サイリウムハスク（オオバコパウダー）
アイリッシュモスペースト 1/2 カップ	寒天粉小さじ 1/2 をお湯 1/2 カップで約 1 分溶かしたもの

🏵 基本の材料

ロースウィーツを作るプロセスはとてもシンプル。素材の良さを特に活かします。ですから、スウィーツの仕上がりは、原材料の善し悪しに大きく左右されます。可能な限り、良質の製品、有機、無農薬、自然農等で育てられた材料を使いましょう。

◆ ナッツや種子

アーモンド、ブラジルナッツ、カシューナッツ、ドライココナッツ（下記メモ参照）、マカダミアナッツ、松の実、クルミ、カボチャの種、ヒマワリの種、ヘンプシード、ゴマ、チアシード、フラックスシード（亜麻仁）、ナッツフラワー P24と下記メモ参照 など

> **メモ** 本書で使用するドライココナッツは、"ロング"（細長いもの）を使用しています。ココナッツロングが、1カップ約60gであるのに対して、ココナッツファイン（パウダー状の細かいもの）は、1カップ約80gとなりますので、"ファイン"を使用する場合はグラムを使って計量してください。
>
> ココナッツフラワーに関しては、市販のものもありますが、本書では、自家製ナッツフラワーを利用しています。ただし、市販と自家製のココナッツフラワーとでは、重さ（グラム）がかなり異なってきますので、本書での計量は、容量（カップ）を使用。ただし容量（カップ／ml）でもなお多少計量は違ってきます。市販のココナッツフラワーを利用する場合は、自家製のものの90%容量（ml）で計算しなおして下さい（少し使用量を減らします）。

◆ ドライフルーツ

アプリコット、クランベリー、デーツ、イチジク、ゴジベリー（くこの実）、レーズンなど

◆ オイル、バター

ナッツバター（アーモンド、カシュー等）①、ココナッツバター（ココナッツオイルとは別物です）②、タヒニ③、カカオバター④、ココナッツオイル⑤、白ごま油など

◆ 甘味料

メープルシロップ、ココナッツシュガー（粉末）、ココナッツネクター（液体状のココナッツシュガー）、デーツ、はちみつ、未精製キビ砂糖、てん菜糖、ヤーコン（粉末または液体）、ルクマ（粉末）、メスキート（粉末または液体）、ステビア（粉末または液体）など。 より詳しい説明と写真は、P19〜20「各材料の特徴について」を参照

◆ スパイス

唐辛子、シナモン、ナツメグ、カルダモン、クローブなど

◆ 濃度をつけたりつなぎとなる材料

アイリッシュモス、サイリウムハスク（オオバコパウダー）、レシチン、チアシード、フラックスシード（亜麻仁）、ココナッツオイル、カカオバターなど。 より詳しい説明と写真は、P19〜20「各材料の特徴について」を参照

Sayuri's Raw Vegan Sweets

◆ スーパーフード

マカ①、ビーポレン（蜂花粉）②、スピルリナ③、ヘンプシード④、チアシード⑤、ゴジベリー（くこの実）⑥、アサイーベリー⑦、マキベリー⑧、カカオ（パウダー⑨、ペースト、ニブ、ビーンズ）など

◆ フレーバー（香り付け）

ナチュラルフレーバーエキストラクト⑩：バニラ、アーモンド、ヘーゼルナッツなど

"メディシンフラワー"のフレーバーエキストラクト⑪：ラム、コーヒー、ピーナッツ、チェリー、キャラメルなど

高品質のピュアエッセンシャルオイル⑫：オレンジ、レモン、ミント、ラベンダーなど

ドライフラワー：ローズ、ラベンダーなど

> **メモ**
>
> 小さじ1のフレーバーエキストラクトは、エッセンシャルオイル数滴に相当します。ただし、メディシンフラワーのフレーバーエキストラクトは、非常に濃厚なので、エッセンシャルオイルと同様に数滴で充分です。（www.medicineflower.com/flavorextracts.html）メディシンフラワーのフレーバーエキストラクトは、オーガニックの原材料を用い、着色料、添加物、保存料を一切含まず、48℃以下の低温圧搾法で抽出されたものです。高濃度に凝縮されたエキストラクトであり、通常の30〜70倍もの濃縮度です。1〜5滴で通常のエキストラクトの小さじ1に相当します。ちなみに、バタースコッチ、キャラメルのフレーバーは、オーガニックのクリームと砂糖から香りが抽出されているため、間接的ですがヴィーガンではありません。ただし、香りのみの抽出であり、クリームや砂糖の成分は含みません。
>
> エッセンシャルオイルとは、植物から有効成分を抽出したオイルです。植物の持つ外敵や病気から身を守る植物の力や、その香りによって、医療や治療目的にも使用されます。食用には、良質の、オーガニックのブランドを選びましょう。ドテラ（www.doterra.com）や、ヤングリビング（www.youngliving.com）は信頼できるオイルのブランドです。レモンやオレンジの皮大さじ1は、エッセンシャルオイルの2〜3滴に相当します。
>
> ちなみに、スーパーマーケットで見かける市販のバニラエッセンスは、バニラエキストラクトとは別物です。バニラエッセンスを使用する場合は、バニラエキストラクト小さじ1に対して数的で充分です。

🌸 食材入手先

◆ **バニラエキストラクト**

アリサン：www.alishan-organics.com
ナチュラルハウス：www.naturalhouse.co.jp
クオカ：www.cuoca.com

◆ **メディシンフラワーのフレーバーエキストラクト**

www.medicineflower.com/flavorextracts.html

◆ **ドテラエッセンシャルオイル**

www.doterra.com

◆ **ヤングリビングエッセンシャルオイル**

www.youngliving.com

◆ **ローフード、オーガニック食材、スーパーフード、ナッツ&シード、ドライフルーツ**

LLMP：www.livinglifemarketplace.com
ロハス：www.rawfood-lohas.com
アマゾン：www.amazon.co.jp
アイハーブ：jp.iherb.com
ナチュラルハウス：www.naturalhouse.co.jp
アリサン：store.alishan.jp
オーサワ・ジャパン：www.ohsawa-japan.co.jp
リマ：www.lima.co.jp
ナッシェル：www.rakuten.co.jp/natshell

◆ **ココナッツの果肉**

タイマート：thaimart.jp
タイフードマーケット：thaifoodmarket.jp

🌸 各材料の特徴について

ロースウィーツ作りのポイントとなるのは、それぞれの甘味料の特性と、つなぎとなる食材を知り使いこなすことです。

◆ **甘味料**

はちみつ、デーツ、メスキート、ルクマは、生のものを入手可能です。メープルシロップ、ココナッツシュガー、未精製キビ砂糖は、ほとんどの場合生ではありませんが、独自の健康上の利点と栄養価が残っています。必要に応じて、そして入手しやすさに応じて、フレキシブルに甘味料を選びましょう。どのレシピもご自身の好みで自由に甘味料を使い分けてください。

それぞれの甘味料は、違った特徴と風味をもちます。はちみつは乾燥しないので、ディハイドレーションによってサクサク感が欲しいレシピの場合は、デーツペーストやメープルシロップをお勧めします。パンやクッキーなどを柔らかく仕上げたい場合には、はちみつがよい選択かもしれません。

- **生のはちみつ**⑬は、とても栄養価が高く、薬効と治癒力を持つ、波動の高い食品です。

- **デーツ（なつめやし）**⑭は、ホールフードの生のドライフルーツです。デーツペーストを作っておけば、料理のときの甘味料として手軽に使えます。　デーツペーストの作り方はP31参照

- **ココナッツネクター（液体状）**⑮、**ココナッツシュガー（顆粒状）**⑯は、ココナッツ・パーム（ヤシ）の木の花の蜜や樹液からできています。顆粒状のココナッツシュガーは、液体状にしておくと、使いやすく重宝します。　ココナッツシュガーシロップの作り方はP31参照

- **メープルシロップ**⑰は砂糖カエデ（メープルシュガー）の木の樹液から作られています。乾燥・結晶化しやすいので、ディハイドレーション（乾燥）のレシピには最適です。

- **ヤーコン**（シロップ⑱またはパウダー）は、南米アンデス原産のキク科の根菜で、抗酸化力が強く、オリゴ糖と食物繊維を多く含むため、GI値（血糖値の上昇率）が低い植物です。焦茶色をした糖蜜（モラセス）のような豊かな風味の甘味料です。

- **メスキートパウダー**⑲は、アメリカ原産のマメ科メスキートの木の豆サヤを挽いて粉状にしたものです。甘くてスモーキーなキャラメル風味が特徴です。血糖値の上昇率が低く、低GI値の甘味料です。

- **ルクマパウダー**⑳は、南米ペルー原産の果物を乾燥させたものです。クリーミーで、メープルのような風味を持つため、ヘルシーな甘味料として、スムージーやアイスクリームによく合います。GI値が比較的低い甘味料です。

- **ステビア**㉑は、南米原産の野生ハーブです。葉から抽出される天然甘味料ステビオサイドには、砂糖の300倍もの甘味があり、糖質もGI値もゼロなので、血糖値を全く上げません。甘みが強く濃縮されているので、使用量には注意しましょう。スムージー1人分には、数滴で充分です。

濃度をつけたりつなぎとなる材料

- **アイリッシュモス**㉒は、海藻であり、苔ではありません。動物性食品であるゼラチンに対して、ロー・ヴィーガンで、クリームやムース等を作るのに大活躍します。スウィーツの仕上がりを、軽くし、オイルの使用量を減らし、ヘルシーなものにします。また、スムージーやドレッシングやスープに濃度を付けたいときにも使えます。

> **メモ** アイリッシュモスが手に入らない場合、ローにはなりませんが、寒天で代用することができます。
> ▶ P16「原材料の代用品」の表を参照

- **サイリウムハスク（オオバコパウダー）**㉓は、オオバコ種子の殻を乾燥、粉状にしたもので、主に健康食品店や、薬局でお目にかかる、腸のお掃除役です。水分を多量に吸収し、粘着性があるため、スウィーツではジャムやプディング、ラップなどに使用されます。種なしでラップを作りたいとき、チアシードやフラックスシードに代用として使えるつなぎにもなります。

- **レシチン**㉔は、油と水を乳化させ、出来上がりをよりなめらかで、クリーミーに仕上げます。大豆レシチンは大豆油からの抽出物です。ヒマワリの種からとれるレシチンもあります。

- **チアシード**㉕や**フラックスシード**㉖は、ブレンダーやコーヒーグラインダーで粉末にし、タルトクラスト、ケーキ、クラッカーやパンの生地をくっつける、つなぎとして利用します。

- **ココナッツオイル**㉗は、チーズケーキやタルト、ケーキ等を、冷蔵庫で固まらせるために使われます。ココナッツオイルは、24℃で溶融するので、熱帯の気候であればスウィーツは、室温ですぐに溶け出してしまいます。

- **カカオバター**㉘は、ココナッツオイルと同じく、スウィーツを固めるために使われます。カカオバターは、ココナッツオイルに比べて、34〜38℃と、より高い融点を有します。

Techniques and Advance Preparation

基本のテクニックと下準備

Basic Nut Milk and Variation
ナッツミルク

この本のレシピでは牛乳の代用として豆乳やライスミルク、ナッツミルクを使います。好みのものを使用していただいてかまいませんが、ナッツミルクは案外、簡単に自宅で作ることができ、市販のものより安くて遥かに美味しく新鮮なので、是非一度作ってみてください。

> 材料：約 4 カップ分
> 必要器具：ブレンダー（ミキサー）

好みのナッツ ⋯⋯ 1 カップ
（たっぷりの水に約 8〜12 時間浸水し、洗って水をきる）
※浸水時間はナッツによって異なります。　◀ P27「浸水・発芽時間表」参照 ▶
水　◀ 下記メモ参照 ▶ ⋯⋯ 4 カップ

1. 浸水したナッツを流水でよく洗い、ざるにあげ水をきる。
2. 分量の水とナッツを、粒がなくなるまでブレンダー（ミキサー）で撹拌する。
3. ナッツミルクバッグで濾す。冷蔵庫で 3 日ほど保存可能。

> **メモ**　基本の分量は、ナッツと水の比が 1：4 です。好みの濃度に合わせて水の量を加減してください。
>
> ヘンプシードやカシューナッツ、松の実などはとても柔らかく搾りかすがほとんど残らないので、ナッツミルクバッグやガーゼ布などで濾す必要はありません。そのため、ナッツと水の比率を 1：5 にしてもよいでしょう。
>
> ドライココナッツは硬くて繊維がたくさんあるので、ココナッツと水を 1：2〜3 にするのが理想的です。ドライココナッツは、寒い気候のもとでは油分が水と分離して固まってしまうので、冷水ではなく、特に寒い季節は、ぬるま湯を使用すると良いでしょう。

> **応用**　**クイックナッツミルク**：ナッツの浸水を忘れたり、今すぐナッツミルクがほしいときは、ナッツバターを使ってあっという間にできます。好みのナッツバター大さじ 2 と、水 2〜2 と 1/2 カップをブレンダー（ミキサー）で撹拌するだけです。漉す必要もありません。
>
> **スウィートミルク**：ミルクを少し甘めに仕上げたいときは、塩ひとつまみと、デーツ 1 個または好みの甘味料大さじ 1/2〜1 と、バニラエキストラクト小さじ 1 を、出来上がったプレーンのナッツミルクに加えて、ブレンダー（ミキサー）で撹拌する。
>
> **クリーミーミルク**：ミルクを少しクリーミーに仕上げたいときは、ココナッツオイル大さじ 1 と、レシチン大さじ 1 を、出来上がったプレーンのナッツミルクに加えて、ブレンダー（ミキサー）で撹拌する。

Nut Pulp and Flour
ナッツパルプとフラワー（粉）

パルプ：ナッツミルクの絞りかすを、"ナッツパルプ" と呼びます。冷凍庫で3か月保存可能です。ケーキやパン、クラッカーに使えます。

フラワー（粉）：ナッツパルプをディハイドレーターで完全に乾くまで乾燥させ、ブレンダー（ミキサー）やミルミキサーで粉末状にしたものを、"ナッツフラワー" と呼びます。3か月保存可能。クッキーやケーキの小麦粉などの代用品として活躍します。

> **メモ** 　ココナッツフラワーは市販のものもありますが、本書では、自家製ナッツフラワーを利用しています。市販品と自家製のココナッツフラワーとでは、重さ（グラム）がかなり違いますので、本書での計量は、容量（カップ/ml）を使用しています。ただし、容量によってもなお、多少計量は違ってきます。市販のココナッツフラワーを利用する場合は、自家製のものの90%の容量（ml）で計算しなおして下さい（少し使用量を減らします）。
>
> パルプとフラワーの違いは、パルプが水分が多いのに対して、フラワーがドライであること、またパルプはきめが粗いのに対して、フラワーはきめの細かいものとなります。例えば、ケーキをよりなめらかに仕上げたい場合は、フラワーの使用をお勧めします。もしレシピがパルプを使っていて、フラワーで代用したい場合は、水分を足して調節してください。
>
> 小麦粉の代用品としてクッキーやケーキに使用する場合は、きめの細かさにおいて、フラワーをお勧めしますが、例えば、ディハイドレーターがなかったり、乾燥させる時間がない時など、パルプを使っても全く問題ありません。ただし、（水、ココナッツオイル、甘味料などの）液体の量を減らして調節することをお忘れなく。

Techniques and Advance Preparation

Grinding Almonds, Other Nuts, and Flaxseeds
アーモンド&フラックスシードの粉末

アーモンド（または他のナッツ）の粉末は、スウィーツでよく使用されます。フラックスシードの粉末は、クラッカー、ブレッド、ドーナツ、ケーキ等の生地のつなぎとなります。

1. ブレンダー（ミキサー）やミルミキサーで粉末状にします。
2. ブレンダーを使用している場合は、一番高速スピードで始めます。ゆっくりのスピードで始めると、底の部分だけがペースト状になってしまいます。1と1/2〜2カップ分ずつ回すことで均等に粉末状にできます。
3. 粉末状にすると、種の油が劣化しやすいので、必要な度に粉末にしましょう。粉末にしたものが残った場合は、フラックスシードの粉末は冷凍庫で保存し、酸化を最小限にしましょう。アーモンドの粉末は冷蔵庫の保存で大丈夫です。

> **メモ** 　アーモンド（または他のナッツ）は、乾燥した活性化ナッツを使います。一度浸水させてから、ディハイドレーターまたは、天日で、完全に乾燥させてください。 **P27参照** フラックスシードや、チアシードは、浸水する必要はありません。
>
> アーモンド 4/5 カップを粉末にすると、約1カップになります。
>
> フラックスシード 3/4 カップを粉末にすると、約1カップになります。
>
> カシューナッツなどの柔らかいナッツを粉末にする場合は、あっという間にペースト状になりやすいので、ブレンダーを回しすぎないように注意しましょう。

Sayuri's Raw Vegan Sweets

Soaking and Activating Nuts and Seeds
ナッツや種の浸水と活性化

　ナッツや種、豆類や穀物は、そのままだと眠っているような状態です。眠っている酵素やその生命力を目覚めさせ、フルパワーに活性化させることで、私たちのカラダにも、そのエネルギーを最大限に取り込むことができます。種を活性化するということは、単に生 -RAW- であるというだけでなく、生きている -LIVING- リビングフードとなりえるのです。

　全てのナッツ、種、豆類、穀物には、特定の環境下でないと発芽をしないようにその酵素を抑える"酵素阻害物質"が存在します。ナッツや種、豆類や穀物を浸水することで、"酵素阻害物質"が中和され、発芽が始まり、活性化されます。植物は発芽するとき、成長するための強力なエネルギーを生み出します。生命力、酵素や栄養素の量を、自らの力で増やす必要があるのです。それに加えて、複雑な要素が酵素によってシンプルな形に分解されるため、栄養素が消化吸収されやすくなります。

　多くのローフード本には、一度浸水して乾燥させたナッツのことを、活性化したナッツ（activated nut：アクティベートナッツ）と呼んでいます。本書では、浸水しただけのもの、浸水して乾燥させたもの、両者ともに活性化したナッツ（activated nut：アクティベートナッツ）と呼んでいます。

❋ 浸水方法

よく洗い、たっぷりの水に浸します。浸水時間は固さや大きさによってそれぞれ異なります。ごまなどの小さな種子類は数時間浸水させるだけでよく、アーモンドなど大きく固いナッツは 8 〜 12 時間ほどかかります。

下記「浸水・発芽時間表」参照

浸水後は水を捨て流水で洗い、ざるにあげます。これで準備に浸水が必要なレシピで使う準備の出来上がりです。

乾燥したナッツを使いたい場合や、クランチなど軽いスナックにしたい場合は、ディハイドレーターまたは天日で、完全に乾燥させます。

メモ 本書では、ナッツや種の分量は全て浸水前の分量です。浸水後に計量する場合は、浸水によりかさが増すため1.2 〜 2 倍で計算してください。 **下記「浸水・発芽時間表」参照**

ドライのナッツや種子の使用について

レシピで、浸水の指示がない場合（例えば、タルトクラストやクランブル、ブリスボール等で、ドライのものが必要な時）であっても、その栄養素や生命力を考慮し、（フラックスシード、チアシード、ココナッツ、ヘンプシード以外は）できれば、一度浸水させてから、ディハイドレーターまたは天日で、完全に乾燥させてから使うことをオススメします。

❋ 浸水・発芽時間表

種類	浸水時間	浸水後の出来上がり量
アーモンド	浸水 8 〜 12 時間	1 カップ → 1 と 1/2 カップ
ブラジルナッツ	浸水なしまたは 2 〜 4 時間	1 カップ → 1 カップ
カシューナッツ	浸水 2 〜 4 時間	1 カップ → 1 と 1/2 カップ
ヘーゼルナッツ	浸水 4 〜 8 時間	1 カップ → 1 カップ
マカダミアナッツ	浸水なしまたは 2 〜 4 時間	1 カップ → 1 カップ
ピーカンナッツ	浸水 8 〜 12 時間	1 カップ → 1 と 1/2 カップ
松の実	浸水なしまたは 2 〜 4 時間	1 カップ → 1 と 1/4 カップ
クルミ	浸水 8 〜 12 時間	1 カップ → 1 と 1/2 カップ
カボチャの種	浸水 6 時間	1 カップ → 2 カップ
ごま（外皮なし）	浸水 8 時間	1 カップ → 1 と 1/2 カップ
ごま（外皮あり）	浸水 4 〜 6 時間	1 カップ → 1 カップ
ヒマワリ種（外皮なし）	浸水 6 〜 8 時間	1 カップ → 2 カップ

メモ フラックスシード、チアシード、ココナッツ、ヘンプシードは浸水の必要はありません。

Sayuri's Raw Vegan Sweets

Homemade Nut Butter
手作りナッツバター

ハイパワーブレンダーがあればおうちで自家製ナッツバターができますよ。

❀ ナッツ（または種の）バターの作り方

ナッツは乾燥した活性化ナッツを使いします。一度浸水させてから、ディハイドレーターまたは天日で、完全に乾燥させてください。　`P26参照`

❀ ブレンテックブレンダーを使用する場合

ツイスタージャー　`右頁メモ参照`　にナッツを入れ、ひとつまみの塩（オプション）を加えます。最高速で撹拌しながら、付属のスクレーパー付の蓋を反時計回りに回す。約40秒で、ナッツバターの出来上がりです。種類によってかかる時間は違いますが、この方法で全てのナッツ、種をバターにできます。

Techniques and Advance Preparation

❋ バイタミックスブレンダーを使用する場合

アーモンドバターを作る場合は、油の含有量が少ないため、オイル大さじ 4 ほどを加えると作りやすくなります（ココナッツオイル、オリーブオイル、白ごま油等、"バター" の使用目的によって使う油を選びましょう）。

アーモンド 3 〜 4 カップ、塩ひとつまみ（オプション）、オイル大さじ 4 をブレンダーの容器に入れます。

最高速で撹拌しながら、タンパー 下記メモ参照 を使用して、約 1 分ほど、材料を刃に押し込みます（1 分以上回し続けると、機器本体だけでなく素材も過熱しかねないので注意しましょう）。

箸やフォークを使って、容器の底にかたまったアーモンドをかき出します。

低速に落として、タンパーを使って押し下げながら、約 1 分間撹拌します（もしここで、すでに本体と素材が熱すぎる場合は、20 〜 30 分間休ませてから次に進みます）。

その後、高速でタンパーを使って押し下げながら、さらに約 1 分間撹拌します。

クルミ、ピーカンナッツ、マカダミアナッツ、松の実、ブラジルナッツ等の油の含有量が高いナッツや種は、オイルを加える必要はありませんが、回りにくい場合は、少量の油を加えることで作りやすくなります。

ココナッツバターを作る場合、ドライココナッツを使用します。種類にもよりますが、ココナッツロングを使用する場合は、一度に 7 〜 9 カップ程を入れて回したほうが簡単です。回りにくい場合は、ココナッツオイルを少し加えましょう。

メモ

ブレンテックのツイスタージャーは、容器の側面に沿ってかき取るスクレーパーが付いているため、ナッツバターやナッツチーズ、濃厚なディップなどを作るのにとても便利です。

バイタミックスに付属のタンパーと呼ばれる "かき混ぜ棒" によって、ブレンダー（ミキサー）を回したまま、フタの上の穴からかき混ぜられるので、濃厚な材料を混ぜるのに便利です。

Sayuri's Raw Vegan Sweets

Irish Moss Paste
アイリッシュモスペースト

アイリッシュモスを流水でよく洗い、汚れを落とします。さらに、ボウルの水が透明になるまで数回水を替えながら洗います。室温でたっぷりの冷水に3〜4時間、または冷蔵庫で8時間ほど浸します。

よくすすぎ、水を切ります。レシピで、"浸水したアイリッシュモス"というのはこの状態のものです。

レシピに"アイリッシュモスペースト"とあるものは、浸水したアイリッシュモス1カップに対して、約1/2カップの水 ◀下記メモ参照 と共にハイパワーブレンダーで撹拌します。完全に溶けて少し温かくなるまで約数分かかります。ゼラチン状になったところで完成。冷蔵庫で1週間以上保存可能。

> **メモ** 　加える水の量は、アイリッシュモスの固さ、太さによって加減してください。できる限り少ない水分量で濃いペースト状にするのが理想です。
>
> アイリッシュモスが手に入らない場合、100%ローにはなりませんが、寒天で代用しても良いでしょう。アイリッシュモスペースト1/2カップ分は、寒天粉小さじ1/2を沸騰したお湯1/2カップで約1分煮溶かした液体で代用できます。

Techniques and Advance Preparation

Date Paste
デーツペースト

種を取ったデーツを容器に押し込むように入れます。デーツがぎりぎりに浸るくらいの水に30分浸します（デーツの乾燥具合により水分は調節してください）。
浸水させた水と共にフードプロセッサーまたはブレンダー（ミキサー）にかけ、ピューレ状にします。フードプロセッサーまたはブレンダー（ミキサー）がきちんと回転するように必要であれば少量の水を加えてください。
冷蔵庫で1週間以上保存可能。

Liquid Sweetener (Liquid Natural Sugar Syrup)
ココナッツシュガーシロップ（または てん菜糖シロップ）

ココナッツシュガー（またはてん菜糖か好みの顆粒状シュガー）1カップに対して、水1/3カップを合わせて完全に解けるまでブレンダー（ミキサー）で撹拌する。
他の液体状甘味料（アガベシロップ、メープルシロップ、はちみつ等）の代わりにも使えます。冷蔵庫で1か月ほど保存可能。

Breakfast for a Sweet Tooth
甘い物好きのブレックファースト

あなた自身とご家族がローフードに飽きないためにはどうしたらよいのでしょう？ それには、ローフードのバリエーションを豊かにすること！ 特に朝ごはんのバラエティーを充実させてみましょう♪

Maple Banana Pancakes
メープルバナナパンケーキ

パンケーキは私の大好物！ メープル風味の、ローバナナパンケーキならなおさら。ディハイドレーターから香る甘～いメープルの香りがたまりません。前日から待ち遠しくなります。

> 材料：6 人分
> 必要器具：ブレンダー（ミキサー）、ディハイドレーター

パンケーキ：

バナナ（ざく切り）…… 4 カップ分
クルミ（浸水）…… 1 と 1/2 カップ（145g）
カシューナッツ（浸水）…… 1 カップ（100g）
メープルシロップ……大さじ 2
バニラエキストラクト……小さじ 1
塩……小さじ 1/2
水…… 1 と 1/4 カップ

仕上げ：

バナナ（スライス）……3 ～ 4 本分
ブルーベリージャム P50参照 …… 2 カップ
バニラホイップクリーム P51参照 …… 2 と 1/2 カップ

1. 全ての材料を、ブレンダー（ミキサー）でなめらかになるまで撹拌する。
2. ディハイドレーターのノンスティックシートに生地を約大さじ 4 ずつ丸く流し、オフセットスパチュラで直径約 13cm の円状にのばす（約 12 個分）。
3. 41 ～ 46℃のディハイドレーターで、表面が完全に乾燥するまで、約 6 時間乾燥させる。
4. 表面が完全に乾燥したら、メッシュシートに反転し、完全に乾燥するまで、ただし柔軟性のあるうちに乾燥を止める。
5. 仕上げは、まずパンケーキ1枚を皿に置き、その上に、バニラホイップクリーム大さじ 4 をのばし広げ、スライスしたバナナとブルーベリージャム大さじ 3 を並べ、もう 1 枚のパンケーキをかぶせる。
6. 最後に、飾り付けとして、バニラホイップクリーム大さじ 1 ～ 2 とブルーベリージャム大さじ 1 を上に乗せる。

Chocolate Muffins with Lemon Icing
チョコレートマフィン with レモンアイシング

栄養満点のローチョコレートとリッチでクリーミーなアイシングとの出会いは、あなたの家族の間で大ヒット間違いなしです！

材料：5cm のミニマフィン 12 個分
必要器具：ディハイドレーター、ミニシリコンマフィン型　P36メモ参照

ナッツパルプ（ナッツミルクの搾りかす）　P24参照 ……3 と 3/4 カップ
粉末にしたアーモンド　粉末の作り方は、P25参照 ……2 カップ（225g）
カカオパウダー…… 1 カップ
デーツペースト　P31参照 …… 1 カップ
ココナッツオイル（固まっていたら溶かす）……120ml
バニラエキストラクト……小さじ 1
塩……小さじ 1/2
水……大さじ 6

仕上げ：
レモンアイシング　下記参照 ……適量

1. ボウルで全ての材料をよく混ぜ合わせる。ナッツパルプの乾燥具合によって、生地がドライでまとまらない場合は少々の水を足してまとめる。
2. マフィン型に押し詰めます。焼いたマフィンのようにふくれないので、焼き上がりのようにこんもりとしたマフィンの形に形成する。
3. 型から取り出し、ディハイドレーターのメッシュシートの上に並べ、41〜46℃で約 8 時間、外側は乾燥し、内側は柔らかいうちに乾燥を止める。
4. 仕上げに、上にレモンアイシングをトッピングするか、サイドに添えていただく。

Lemon Icing
レモンアイシング

材料：1 カップ分
必要器具：ブレンダー（ミキサー）

カシューナッツ（浸水）……2/3 カップ（65g）
ココナッツオイル（固まっていたら溶かす）……大さじ 5
はちみつまたは好みの液体甘味料……大さじ 2
レモン汁……大さじ 2
レモンの皮のすり下ろし……小さじ 1　▶代用品：レモンエッセンシャルオイル……1〜2 滴
塩……小さじ 1/8

1. 全ての材料をブレンダー（ミキサー）でなめらかになるまで撹拌し、冷蔵庫で約 1 時間固まらせる。

Carrot Muffins with Vanilla Frosting
キャロットマフィン with バニラフロスティング

にんじんジュースを作ったあとの搾りかすを活用しました！ たっぷりにんじんが入ってとても軽く、朝ごはんにぴったりです。シンプルなマフィンは、クリーミーでコクのあるフロスティングと相性抜群です。

材料：5cm のミニマフィン 12 個分
必要器具：ディハイドレーター、ミニシリコンマフィン型　下記メモ参照

キャロットパルプ（にんじんジュースの搾りかす）……5 と 1/2 カップ
粉末にしたアーモンド　粉末の作り方は、P25参照　……1 と 1/2 カップ（190g）
粉末にしたフラックスシード　粉末の作り方は、P25参照　……大さじ 2
ココナッツオイル（固まっていたら溶かす）……大さじ 3
デーツペースト　P31参照　……大さじ 5
レーズン（荒く刻む）……大さじ 4
クルミ（荒く刻む）……大さじ 4
バニラエキストラクト……小さじ 1/2
シナモンパウダー……小さじ 1
ナツメグパウダー……小さじ 1/4
クローブパウダー……ひとつまみ
塩……ひとつまみ

仕上げ：
バニラフロスティング　右頁参照　……適量

1. ボウルで全ての材料をよくまぜ、マフィン型に押し詰める。焼いたマフィンのようにふくれないので、焼き上がりのようにこんもりとしたマフィンの形に形成する。
2. 型から取り出し、ディハイドレーターのメッシュシートの上に並べ、41 ～ 46℃で約 8 時間、外側は乾燥し、内側は柔らかいうちに乾燥を止める。
3. 仕上げに、上にバニラフロスティングをトッピングするか、サイドに添えていただく。

メモ　ミニシリコンマフィン型　P15参照　があればとても便利です。生地を型に詰めた後、すぐに取り出せるので、表面全てを乾燥させて、外側はドライで中身は柔らかいパーフェクトな出来上がりになります。

応用　キャロットケーキにしたい場合は、生地をケーキの型に押し込み、上からフロスティングを流し、冷蔵庫で、数時間固めます。実はマフィンより簡単、ディハイドレーターなしでキャロットケーキの出来上がりです。

● Breakfast for a Sweet Tooth

Vanilla Frosting
バニラフロスティング

材料：1 カップ分
必要器具：ブレンダー（ミキサー）

カシューナッツ（浸水）……2/3 カップ（65g）
ココナッツオイル（固まっていたら溶かす）……大さじ6
はちみつまたは好みの液体甘味料……大さじ2
レモン汁……大さじ1
バニラエキストラクト……小さじ2
塩……ひとつまみ

1. 全ての材料をブレンダー（ミキサー）でなめらかになるまで撹拌し、冷蔵庫で約1時間固まらせる。

Breakfast for a Sweet Tooth

Chocolate Crepes
チョコレートクレープ

なんと贅沢な朝ごはん！ あなたの一日が特別なものとなることをお約束します！

> 材料：9個分
> 必要器具：ブレンダー（ミキサー）、ディハイドレーター

バナナ（ざく切り）……5と1/2カップ分
水……2カップ
カカオパウダー……大さじ3
粉末にしたチアシード　粉末の作り方は、P25参照　……大さじ1と1/2

仕上げ：
バナナ（スライス）……4〜5本分
ホームメイドヌテラ　P49参照　……2カップ
マカキャラメルクリームソース　P53参照　……適量

1. 粉末チアシード以外の全ての材料を、ブレンダー（ミキサー）でなめらかになるまで撹拌する。
2. 粉末チアシードを加えて、数秒間撹拌する。完全に混ざらない場合は、ボウルに移して、泡立て器で均等に混ぜ合わせる。
3. ディハイドレーターのノンスティック・シートに生地を約大さじ4ずつ丸く落とし、オフセットスパチュラで直径約15cmの円形にのばす。
4. 41〜46℃のディハイドレーターで、表面が完全に乾燥するまで、約4〜6時間乾燥させる。
5. 表面が完全に乾燥したら、メッシュシートに反転し、完全に乾燥するまで、ただし柔軟性のあるうちに乾燥を止める。
6. 仕上げは、クレープにホームメイドヌテラ大さじ2と1/2を塗り、スライスしたバナナを並べる。
7. 端からクルクルと巻き、上からマカキャラメルソースを絞り出す。

Sayuri's Raw Vegan Sweets

Strawberry Roll
イチゴロール

イチゴラップの生地は超簡単＆シンプル素材で作れます！ 前日から準備する価値ありです。

> 材料：8個分
> 必要器具：ブレンダー（ミキサー）、ディハイドレーター

イチゴラップ：

イチゴ……6カップ分　▶代用品：好みのベリーなど
サイリウムハスク（オオバコパウダー）……大さじ3

仕上げ：

スライスしたマンゴー……2〜4個分
バニラホイップクリーム　P51参照　……2カップ
チョコレートガナッシュソース　P53参照　……適量

1. イチゴラップを作る。ブレンダー（ミキサー）でなめらかになるまで撹拌したあと、サイリウムハスクを加え完全に混ざるまで撹拌する。
2. ディハイドレーター用のノンスティック・シート2枚に均等に広げる。
3. 41〜46℃のディハイドレーターで、約8時間乾燥させ、完全に乾燥するまで、ただし柔軟性のあるうちに乾燥を止める。
4. 1枚を、4つの正方形にカットする。
5. 仕上げは、イチゴラップにホイップクリーム大さじ3を塗り、スライスしたマンゴーを並べる。
6. 端からクルクルと巻き、上からチョコレートガナッシュソースを絞り出す。

Sayuri's Raw Vegan Sweets

Banana Bread with Coconut Cream Cheese
バナナブレッド with ココナッツクリームチーズ

しっとり、ほんのり甘いバナナブレッドは、リトリートでは人気No.1のブレックファーストです！

材料：15cmの長さのパン1本分
必要器具：フードプロセッサー、ディハイドレーター

バナナ（ざく切り）……2カップ分
クルミ（浸水）……1と1/4カップ（120g）
デーツペースト P31参照 ……大さじ2
シナモンパウダー……小さじ1/2
ナツメグパウダー……ひとつまみ
塩……ひとつまみ
水……大さじ2
ナッツパルプ（ナッツミルクの搾りかす） P24参照 ……1と1/4カップ
粉末にしたフラックスシード 粉末の作り方は、P25参照 ……大さじ2

仕上げ：
ココナッツクリームチーズ P50参照 ……適量

1. フードプロセッサーで、ナッツパルプとフラックスシード以外の全ての材料をピューレ状になるまで回す。
2. ボウルに移し、ナッツパルプとフラックスシードを加えて、よく混ぜ合わせる。
3. 生地を約15cmの円柱状に形成する。ナッツパルプの乾燥具合によって、生地がドライでまとまらない場合は少々の水を足してまとめる。
4. ディハイドレーター用のノンスティック・シートに乗せ、41〜46℃で約3時間乾燥させる。
5. ディハイドレーターから取り出し、まな板の上で約2cmの厚さにスライスする。
6. メッシュシートに並べ、内側は柔らかく外側は完全に乾くまで、約8時間乾燥を続ける。
7. ココナッツクリームチーズを添えていただく。

Pecan and Cranberry Sweetbread
ピーカン&クランベリー・スウィートブレッド

好みのクリームやソースを添えれば、おしゃれな朝ごはんやスナックに。イチジクのコンポートとココナッツクリームチーズの組み合わせは最高ですよ。

```
材料：18cm の長さのパン1本分
必要器具：ディハイドレーター
```

ナッツパルプ（ナッツミルクの搾りかす） `P24参照` ……2 と 1/2 カップ
オレンジジュース……3/4 カップ
ピーカンナッツ（刻む）……2/3 カップ（60g）
クランベリー（刻む）……2/3 カップ（75g）
デーツペースト `P31参照` ……大さじ6
粉末にしたフラックスシード `粉末の作り方は、P25参照` ……大さじ6
ココナッツオイル（固まっていたら溶かす）……大さじ3
塩……小さじ 1/4

仕上げ：
イチジクのコンポート `P49参照` 、ココナッツクリームチーズ `P50参照` ……適量

1. ボウルに全ての材料を入れ、手でよく混ぜる。
2. 生地を約 18cm の円柱状に形成する。ナッツパルプの乾燥具合によって、生地がドライでまとまらない場合は少々の水やオレンジジュースを足してまとめる。
3. ディハイドレーター用のノンスティック・シートに乗せ、41〜46℃で約3時間乾燥させる。
4. ディハイドレーターから取り出し、まな板の上で約1cm の厚さにスライスする。
5. メッシュシートに並べ、内側は柔らかく外側は完全に乾くまで、約4〜6時間乾燥を続ける。
6. イチジクのコンポートとココナッツクリームチーズを添えていただく。

Sayuri's Raw Vegan Sweets

Breakfast for a Sweet Tooth

Acai Bowl with Superfood Toppings
アサイーボウルのスーパーフードトッピング

素敵な1日をスタートするための朝ごはん！ このパワフルなスーパーアサイーボウルは、タンパク質、抗酸化物質がたっぷりで、絶好調な1日をお約束します。あなたのお気に入りのスーパーフードをトッピングして、よりスペシャルにアレンジしてみて！

材料：2人分

好みのナッツミルク　P23参照　……1カップ
冷凍したバナナ……1本分
冷凍したブルーベリー……2と1/2カップ
アサイーパウダー……大さじ1と1/2
好みの甘味料【甘味が必要な場合のオプション】……大さじ1

トッピング：
スライスしたバナナ・フレッシュブルーベリーや季節の果物、ゴジベリー（くこの実）・カカオニブなどの好みのスーパーフード、ドライココナッツ、グラノーラなど……適量

1. 全ての材料をブレンダー（ミキサー）でなめらかになるまで撹拌する。
2. 好みのトッピングを飾っていただく。

Sweet Creams and Sauces
クリーム＆ソース

乳製品なしで、夢のようにおいしいクリームやソースが簡単に出来上がります！

Fig Compote
イチジクのコンポート

ドライイチジクをスパイスと共にオレンジジュースに一晩漬け込むだけ！ とっても簡単なのに、奥深い風味と香りで、朝をとっておきにしてくれます。

[材料：3 と 3/4 カップ分]

オレンジジュース……1 と 1/4 カップ
スライスしたドライイチジク……1 と 1/4 カップ分（150g）
レーズン……大さじ 2
スライスしたドライアプリコット……大さじ 2
ゴジベリー（くこの実）……大さじ 2
生姜のしぼり汁……大さじ 1
ナツメグパウダー……小さじ 1/2
シナモンスティック……1 本

1. 全ての材料をオレンジジュースに浸し、冷蔵庫で 4 時間以上、または一晩漬け込む。

Homemade Nutella
ホームメイドヌテラ

ヘーゼルナッツとチョコレートは、ナンバーワンコンビネーション！ バナナやクラッカー、ブレッド等との相性は抜群です！ もし我慢できるならの話ですが、冷蔵庫で 1 週間ほどもちます。ちなみに私のお家で 1 週間もったことは一度もありません。

[材料：2 カップ分
必要器具：ブレンダー（ミキサー）]

ヘーゼルナッツ……1 と 1/4 カップ（140g）
好みのナッツミルク ▸P23参照 ……1 カップ
溶かしたカカオバター……大さじ 4（55g）
ヤーコンシロップ……大さじ 4　▶代用品：モラセスまたはメープルシロップまたは玄米水飴
ココナッツオイル（固まっていたら溶かす）……大さじ 2
バニラエキストラクト……小さじ 2
塩……ひとつまみ
カカオパウダー……大さじ 4

1. カカオパウダー以外の全ての材料をブレンダー（ミキサー）で完全になめらかになるまで撹拌する。
2. カカオパウダーを加え、均等に混ざりあうまで撹拌する。
3. 容器に移し、1〜2 時間、または固まるまで冷蔵庫で冷やす。

Coconut Cream Cheese
ココナッツクリームチーズ

濃くてクリーミー、きりりとした酸味が効いたクリームチーズです！ レーズンやデーツ、くるみを刻んで混ぜ込んだり、刻んだフレッシュハーブとオリーブを混ぜてもとても美味しい。薄めのクラッカーとよく合います。

> 材料：1 と 1/2 カップ分
> 必要器具：ブレンダー（ミキサー）

カシューナッツ（浸水）……1 と 1/4 カップ（130g）
レモン汁……大さじ 6
ココナッツオイル（固まっていたら溶かす）……大さじ 6
メープルシロップ……大さじ 4
塩……小さじ 1/2

1. 全ての材料をブレンダー（ミキサー）でなめらかになるまで撹拌する。
2. 容器に移し、1〜2時間、または固まるまで冷蔵庫で冷やす。

Blueberry Jam
ブルーベリージャム

自家製のジャムには特別なおいしさがあります。しかも火を通さないロージャムはなんと1分あればできてしまいます！ ブルーベリーの代わりに好みの甘味のあるフルーツでも試してみてください。

> 材料：3 カップ分
> 必要器具：3 カップ分

ブルーベリー……3 と 3/4 カップ
デーツペースト　P31参照　……2/3 カップ（120ml）
レモン汁……小さじ 1

1. ブルーベリー 2 カップ分以外の全ての材料を、フードプロセッサーでなめらかになるまで回す。
2. 残しておいたブルーベリー 2 カップを加え、数秒間回す。

Sweet Creams and Sauces

Vanilla Whippy Cream
バニラホイップクリーム

まさに天国。私の世界で一番好きなもののひとつ。

材料：2と1/2カップ分
必要器具：ブレンダー（ミキサー）

カシューナッツ（浸水）……2/3カップ（65g）
好みのナッツミルク　P23参照　……1カップ
はちみつまたは好みの液体甘味料……大さじ4〜5
ココナッツオイル（固まっていたら溶かす）……大さじ4
レシチン……大さじ1
レモン汁……小さじ1
バニラエキストラクト……小さじ1
バニラビーンズ（縦半分に割り、種のみ使用）【オプション】……1/2本分
塩……ひとつまみ
アイリッシュモスペースト　P30参照　……大さじ6

1. アイリッシュモスペースト以外の全ての材料を、ブレンダー（ミキサー）でなめらかになるまで撹拌する。
2. アイリッシュモスペーストを加え、よく混ざりあうまで撹拌する。
3. 容器に移し、数時間、または固まるまで冷蔵庫で冷やす。

応用
- **イチゴホイップクリーム**：ナッツミルクの代わりにイチゴ1と1/2カップを加え、撹拌する。
- **チョコレートホイップクリーム**：カカオパウダー大さじ2とはちみつをプラス大さじ1加え、撹拌する。
- **グリーンティーホイップクリーム**：抹茶小さじ2とはちみつをプラス大さじ1加え、撹拌する。
- **シナモンホイップクリーム**：シナモンパウダー小さじ1を加え、撹拌する。

Avocado Whippy Cream
アボカドホイップクリーム

私の大のお気に入り！やめられない、止まらない！

材料：2と1/2カップ分
必要器具：ブレンダー（ミキサー）

アボカド（ざく切り）……2と1/2カップ分（アボカド約2個分）
はちみつまたは好みの液体甘味料……大さじ4
レモン汁……大さじ1
バニラエキストラクト……小さじ1

1. 全ての材料をブレンダー（ミキサー）でなめらかになるまで撹拌する。ブレンダー（ミキサー）がきちんと回転するよう、水分が足りなければほんの少しココナッツオイルを加えて調節する。

Maca Caramel Cream Sauce
マカキャラメルクリームソース

栄養満点のマカは、キャラメル風味とよく合います！

> 材料：1 カップ分
> 必要器具：ブレンダー（ミキサー）

マカダミアナッツ（浸水）……2/3 カップ（60g）
ヤーコンシロップ……大さじ 3　▶ **代用品**：モラセスまたはメープルシロップまたは玄米水飴
ココナッツオイル（固まっていたら溶かす）……大さじ 3
マカパウダー……大さじ 1
バニラエキストラクト……小さじ 2
塩……小さじ 1/4
水……大さじ 2

1. 全ての材料をブレンダー（ミキサー）でなめらかになるまで撹拌する。

Chocolate Ganashe Sauce
チョコレートガナッシュソース

おいしすぎて、何にでもかけたくなっちゃいます！

> 材料：2/3 カップ分
> 必要器具：ブレンダー（ミキサー）

カカオパウダー……大さじ 7
はちみつまたは好みの液体甘味料……大さじ 4
ココナッツオイル（固まっていたら溶かす）……大さじ 4
塩……小さじ 1/2
水……大さじ 2

1. 全ての材料をブレンダー（ミキサー）でなめらかになるまで撹拌する。

Pudding and Mousses

プディング＆ムース

とにかくクリーミーな物好きの私にとって、プディングはパラダイス！　消化も良いので
朝ごはんにもぴったり♪　忙しいママのためのベビーフードとしても活躍します！

Chocolate Banana Chia Pudding
チョコレートバナナチアプディング

この小さな種たちの中には、消化のよいタンパク質、ビタミンやミネラル、良質の必須脂肪酸などがいっぱい。朝のチアで1日中フルパワーです！

【 材料：2人分 】

好みのナッツミルク ◀P23参照
……2と1/2カップ
チアシード……大さじ4
カカオパウダー……大さじ3
はちみつまたは好みの液体甘味料……大さじ1

バニラエキストラクト……小さじ1
塩……ひとつまみ
種抜きデーツ（ざく切り）……2～3個
バナナ（好みの大きさにカット）……1本

1. チアシード、デーツ、バナナ以外の全ての材料を、ボウルで混ぜ合わせる。
2. チアシードを加えたらすぐに、2～3分間フォークや泡立て器で混ぜる。
3. デーツを加えて冷蔵庫で一晩置いた後 ◀下記メモ参照 、バナナを加えていただく。

Chai and Goji Chia Porridge
チャイ風味のチアポリッジ

チャイ風味のポリッジは、インドですっかりはまってしまった味です。濃いめのココナッツミルクとの相性抜群で、タピオカのような食感が楽しいスウィーツです。

【 材料：2人分 】

ココナッツミルクまたは好みのナッツミルク
◀P23参照 ……3と3/4カップ（750ml）
チアシード……大さじ6
ゴジベリー（くこの実）またはレーズン……大さじ4
はちみつまたは好みの液体甘味料……大さじ2

バニラエキストラクト……小さじ1
シナモンパウダー……小さじ1/2
カルダモンパウダー……小さじ1/4
塩……ひとつまみ

1. チアシード以外の全ての材料を、ボウルで混ぜ合わせる。
2. チアシードを加えたらすぐに、2～3分間フォークや泡立て器で混ぜる。
3. 冷蔵庫で一晩おいてからいただく。 ◀下記メモ参照

▎メモ　すぐに食べたいときは、少し温かいナッツミルクを使用しましょう。約30分でチアシードがほどよく膨れ、全ての液体を吸収します。

56　● Pudding and Mousses

Dragon Coconut Pudding
ドラゴンココナッツプディング

鮮やかなピンク色のドラゴンフルーツで特別なプディングに！

> 材料：4 ～ 6 人分
> 必要器具：ブレンダー（ミキサー）

ココナッツミルクまたは好みのナッツミルク `P23参照` ……2 と 1/2 カップ
浸水したアイリッシュモス `P30参照` ……1 と 1/4 カップ
カシューナッツ（浸水）……1 と 1/4 カップ（130g）
はちみつまたは好みの液体甘味料……大さじ 6
ココナッツオイル（固まっていたら溶かす）……大さじ 4
レシチン（なければ省略可）……大さじ 1
バニラエキストラクト……小さじ 1
カルダモンパウダー……小さじ 1/4

仕上げ：
ドラゴンフルーツ（スライス）……1 個　▶**代用品**：好みのフルーツ

1. ココナッツミルク1カップ分と、浸水したアイリッシュモスをブレンダー（ミキサー）で撹拌する。アイリッシュモスが完全に溶け、液体が少し温かくなるまで撹拌する。
2. 残り全ての材料を加え、なめらかになるまで撹拌する。
3. 好みの容器に移し、約2～ 3 時間、固まるまで冷蔵庫で冷やす。
4. 仕上げにドラゴンフルーツを飾る。

Sayuri's Raw Vegan Sweets

Pudding and Mousses

Hazelnut Chocolate Mousse
ヘーゼルナッツのチョコレートムース

ものすご〜く軽くて、とても洗練された、お上品なムースです。

材料：4〜6人分
必要器具：ブレンダー（ミキサー）

ヘーゼルナッツミルク `P23参照`
……3と3/4カップ
浸水したアイリッシュモス `P30参照`
……1と1/4カップ
デーツペースト `P31参照`
……1カップ〜1と1/4カップ
カカオパウダー……大さじ8

ココナッツオイル（固まっていたら溶かす）……大さじ4
レシチン（なければ省略可）……大さじ1
バニラエキストラクト……小さじ1
塩……ひとつまみ

仕上げ：
カカオビーンズ……4〜6粒

1. ヘーゼルナッツミルク1カップ分と、浸水したアイリッシュモスをブレンダー（ミキサー）で撹拌する。アイリッシュモスが完全に溶け、液体が少し温かくなるまで撹拌する。
2. 残り全ての材料を加え、なめらかになるまで撹拌する。
3. 好みの容器に移し、約2〜3時間、固まるまで冷蔵庫で冷やす。
4. 仕上げにカカオビーンズを飾る。

Strawberry Mousse
ストロベリームース

私を甘い子供時代にタイムトリップさせる味。おいしくて甘いイチゴが夢に出てきそうです。

材料：4〜6人分
必要器具：ブレンダー（ミキサー）

好みのナッツミルク `P23参照`
……1と1/4カップ
浸水したアイリッシュモス `P30参照`
……2/3カップ
イチゴ……3カップ
カシューナッツ（浸水）……2/3カップ（65g）
はちみつまたは好みの液体甘味料……大さじ6

ココナッツオイル（固まっていたら溶かす）……大さじ4
レシチン（なければ省略可）……大さじ1
レモン汁……小さじ2
バニラエキストラクト……小さじ1

仕上げ：
イチゴ（スライス）……約2/3カップ分

1. ナッツミルクと、浸水したアイリッシュモスをブレンダー（ミキサー）で撹拌する。アイリッシュモスが完全に溶け、液体が少し温かくなるまで撹拌する。
2. 残り全ての材料を加え、なめらかになるまで撹拌する。
3. 好みの容器に移し、約2〜3時間、固まるまで冷蔵庫で冷やす。
4. 仕上げにスライスしたイチゴを飾る。

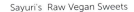

Pudding and Mousses

White Chocolate Mousse with Blueberry Sauce
ホワイトチョコレートムース with ブルーベリーソース

クリーミーで軽い仕上がりのホワイトチョコレートムースが、ベリーソースと一緒になったら、美味しくないわけがありません！

材料：4〜6人分
必要器具：ブレンダー（ミキサー）

好みのナッツミルク P23参照 ……3 カップ
浸水したアイリッシュモス P30参照 ……1 と 1/4 カップ
カシューナッツ（浸水）……2/3 カップ（65g）
はちみつまたは好みの液体甘味料……大さじ 6
溶かしたカカオバター……大さじ 4（55g）
レシチン（なければ省略可）……大さじ 1
バニラエキストラクト……小さじ 2

仕上げ：
ブルーベリージャム P50参照 ……適量

1. ナッツミルク1カップ分と、浸水したアイリッシュモスをブレンダー（ミキサー）で撹拌する。
   アイリッシュモスが完全に溶け、液体が少し温かくなるまで撹拌する。
2. 残り全ての材料を加え、なめらかになるまで撹拌する。
3. 好みの容器に移し、約2〜3時間、固まるまで冷蔵庫で冷やす。
4. 仕上げにブルーベリージャムを乗せる。

Sayuri's Raw Vegan Sweets

Cakes, Doughnuts, and Crumbles

ケーキ＆ドーナツ＆クランブル

クリーミーな食感に飽きたら、何かバラエティーが必要です！ケーキやちょっと凝ったスウィーツに挑戦してみるときかもしれませんよ。その時期が来ると、あなたの冷凍庫は、出番を待つナッツパルプでいっぱいになっているはずです。もしケーキ生地が余ってしまったら、クッキーの形に形成してディハイドレーターで乾燥させるとクッキーに変身！ リトリートでお料理しているときの、私の秘密のおやつです。

Tiramisu
ティラミス

カフェ・グラティチュードのお料理本は私のバイブル。特に "スウィート・グラティチュード" は私の大のお気に入りです！（ヨガの先生には内緒ですが）私はよく、朝ヨガをしながら新しいレシピを試すことを待ち遠しく思いつつ、ケーキやクッキーのことを夢見ています。このレシピは "スウィート・グラティチュード" にインスパイアされて作りました。

> 材料：21×21cm の正方形型1台分（9個分）
> 必要器具：ブレンダー（ミキサー）、21×21cm サイズの底の抜けるタイプの型

コーヒーケーキ：

ナッツフラワー `P24、下記メモ参照` ……3 カップ＋大さじ1と1/2
デーツペースト `P31参照` ……1と1/2 カップ
カカオパウダー……大さじ6
ココナッツオイル（固まっていたら溶かす）……大さじ6
コールドプレスコーヒーまたは水で溶かした穀物コーヒー……大さじ4 または適量
（水分量はナッツフラワーの種類によって異なる）
"メディシンフラワー" のコーヒーエキストラクト……15滴　▶ 代用品：コーヒーエキストラクト……小さじ2
塩……小さじ1/4

チョコレートムース：

カシューナッツ（浸水）……2/3 カップ（65g）
好みのナッツミルク `P23参照` ……1 カップ
デーツペースト `P31参照` ……3/4 カップ
レシチン（なければ省略可）……大さじ1
バニラエキストラクト……小さじ1/2
塩……小さじ1/8
アイリッシュモスペースト `P30参照` ……1/2 カップ
カカオパウダー……大さじ3
ココナッツオイル（固まっていたら溶かす）……大さじ2

メモ ナッツフラワーの代わりにナッツパルプを使う場合は、水の量を減らして調節してください。

Sayuri's Raw Vegan Sweets　63

バニラクリーム：

カシューナッツ（浸水）……1 と 1/4 カップ（130g）

ナッツミルク……1 と 3/4 カップ＋大さじ 1 と 1/2

はちみつまたは好みの液体甘味料……大さじ 4

レシチン……大さじ 2

バニラエキストラクト……小さじ 1

塩……ひとつまみ

アイリッシュモスペースト……1/2 カップ

ココナッツオイル（固まっていたら溶かす）……大さじ 4

仕上げ：

カカオパウダー……適量

カカオビーンズ……9 個

1. コーヒーケーキを作る。全ての材料をボウルで、均等になるまで手でよく混ぜ合わせる。生地がドライでまとまらない場合は、水分を少し加えて調整する。
2. 軽く油を塗った容器に敷き詰め、チョコレートムースを作る間、冷凍庫に入れておく。
3. チョコレートムースを作る。アイリッシュモスペースト、カカオパウダー、ココナッツオイルを除く全ての材料をブレンダー（ミキサー）でなめらかになるまで撹拌する。
4. アイリッシュモスペースト、カカオパウダー、ココナッツオイルを加えて、均等に混ざり合うまで撹拌する。
5. コーヒーケーキの上にチョコレートムースを流し込み、平らにする。バニラクリームを作る間、冷凍庫に入れておく（30 分以上かかる場合は冷蔵庫に移す）。
6. バニラクリームを作る。アイリッシュモスペーストとココナッツオイルを除く全ての材料をブレンダー（ミキサー）でなめらかになるまで撹拌する。
7. アイリッシュモスペーストとココナッツオイルを加えて、均等に混ざり合うまで撹拌する。
8. 冷凍庫からチョコレートムースを取り出し、ある程度固まっていることを確認する。固まっていなければ、冷凍庫でもう少し冷やす。
9. チョコレートムースの上から優しくバニラクリームを流し込み、平らにする。数時間〜一晩、固まるまで冷蔵庫で冷やす。
10. 仕上げに、9 個または好みの大きさにカットし、茶こしを使ってカカオパウダーをたっぷり振りかけ、それぞれの中央にカカオビーンズを飾る。

Green Tea Tiramisu

抹茶ティラミス

ティラミス・ア・ラ・ジャポン！ ラムレーズンと抹茶は意外や意外のベストマッチです！

> 材料：21×21cm の正方形型 1 台分（9 個分）
> 必要器具：ブレンダー（ミキサー）、21×21cm サイズの底の抜けるタイプの型

アーモンドケーキ：

ナッツフラワー（パルプを乾燥、粉末にしたもの） `P24と下記メモ参照` ……1 と 1/2 カップ

粉末にしたアーモンド `粉末の作り方は、P25参照` ……2 カップ弱（225g）

デーツペースト `P31参照` ……120ml

ココナッツオイル（固まっていたら溶かす）……大さじ 4

アーモンドエキストラクト……小さじ 1/4　▶ **代用品**：バニラエキストラクト……小さじ 1

塩……小さじ 1/8

水（水分量はナッツフラワーの種類によって異なる）……大さじ 4 〜 6

抹茶ムース：

好みのナッツミルク `P23参照` ……1 カップ

カシューナッツ（浸水）……2/3 カップ（65g）

はちみつまたは好みの液体甘味料……120ml

レシチン（なければ省略可）……大さじ 1

バニラエキストラクト……小さじ 1

塩……ひとつまみ

アイリッシュモスペースト `P30参照` ……1/2 カップ

抹茶……大さじ 1 と 1/2

ココナッツオイル（固まっていたら溶かす）……大さじ 2

> **メモ**　ナッツフラワーの代わりにナッツパルプを使う場合は、水の量を減らして調節してください。

Sayuri's Raw Vegan Sweets

ラムレーズンクリーム：

好みのナッツミルク `P23参照` ……2 カップ

カシューナッツ（浸水）……1 と 1/4 カップ（130g）

はちみつまたは好みの液体甘味料……大さじ 4

レシチン……大さじ 2

バニラエキストラクト……小さじ 1

ラム酒……小さじ 1 ▶代用品："メディシンフラワー" のラムエキストラクト `P18参照` ……2 ～ 3 滴

塩……ひとつまみ

アイリッシュモスペースト `P30参照` ……1/2 カップ

ココナッツオイル（固まっていたら溶かす）……大さじ 4

レーズン……大さじ 3

仕上げ：

抹茶……適量

1. アーモンドケーキを作る。全ての材料をボウルで、均等になるまで手でよく混ぜ合わせる。生地がドライでまとまらない場合は水分を少し加えて調整する。
2. 軽く油を塗った容器に敷き詰め、抹茶ムースを作る間、冷凍庫に入れておく。
3. 抹茶ムースを作る。アイリッシュモスペースト、抹茶、ココナッツオイルを除く全ての材料をブレンダー（ミキサー）でなめらかになるまで撹拌する。
4. アイリッシュモスペースト、抹茶、ココナッツオイルを加えて、均等に混ざり合うまで撹拌する。
5. アーモンドケーキの上に抹茶ムースを流し込み、平らにする。ラムレーズンクリームを作る間、冷凍庫に入れておく（30 分以上かかる場合は冷蔵庫に移す）。
6. ラムレーズンクリームを作る。アイリッシュモスペーストとココナッツオイルとレーズンを除く全ての材料をブレンダー（ミキサー）でなめらかになるまで撹拌する。
7. アイリッシュモスペーストとココナッツオイルを加えて、均等に混ざり合うまで撹拌する。
8. 最後にレーズンを加え、数秒間撹拌する。
9. 冷凍庫から抹茶ムースを取り出し、ある程度固まっていることを確認する。固まっていなければ、冷凍庫でもう少し冷やす。
10. 抹茶ムースの上から優しくラムレーズンクリームを流し込み、平らにする。数時間～一晩、固まるまで冷蔵庫で冷やす。
11. 仕上げに、9 個または好みの大きさにカットし、茶こしを使って抹茶を振りかける。

応用 **抹茶アイスクリームティラミス**

抹茶ムースの代わりに、抹茶アイスクリーム `P160応用を参照` を、ラムレーズンクリームの代わりに、ラムレーズンアイスクリーム `P160参照` を使用して凍らせます。

Sayuri's Raw Vegan Sweets　67

68 • Cakes, Doughnuts, and Crumbles

Strawberry Shortcake
ストロベリー・ショートケーキ

大好きだったお誕生日ケーキをローで再現！

> 材料：21 〜 23cm のケーキ 1 台分
> 必要器具：ブレンダー（ミキサー）、底が抜ける 21 〜 23cm のケーキ型

バニラケーキ：

ナッツフラワー（パルプを乾燥、粉末にしたもの） `P24と下記メモ参照` ……4 カップ

粉末にしたアーモンド `粉末の作り方は、P25参照` ……2 と 1/2 カップ（300g）

デーツペースト `P31参照` ……1 と 1/4 カップ

ココナッツオイル（固まっていたら溶かす）……140ml

バニラエキストラクト……小さじ 1

塩……小さじ 1/4

水（水分量はナッツフラワーの種類によって異なる）……大さじ 4 〜 8

ココナッツクリーム：

ココナッツミルクまたは好みのナッツミルク `P23参照` ……2 カップ

浸水したアイリッシュモス `P30参照` ……1 と 1/4 カップ

カシューナッツ（浸水）……1 と 1/4 カップ（130g）

はちみつまたは好みの液体甘味料……大さじ 6

レモン汁……小さじ 2

バニラエキストラクト……小さじ 2

塩……ひとつまみ

レシチン……大さじ 2

ココナッツオイル（固まっていたら溶かす）……大さじ 6

仕上げ：

イチゴ（2 カップ分はスライスする）……6 カップ分

メモ ナッツフラワーの代わりにナッツパルプを使う場合は、水の量を減らして調節してください。

Sayuri's Raw Vegan Sweets 69

1. バニラケーキを作る。全ての材料をボウルで、均等になるまで手でよく混ぜ合わせる。生地がドライでまとまらない場合は水分を少し加えて調整する。

2. 軽く油を塗った容器にバニラケーキの半量を敷き詰め、ココナッツクリームを作る間、冷凍庫に入れておく。

3. ココナッツクリームを作る。ココナッツミルク1カップ分と、浸水したアイリッシュモスをブレンダー（ミキサー）で撹拌する。アイリッシュモスが完全に溶け、液体が少し温かくなるまで撹拌し、ボウルに取り出す。

4. それ以外のココナッツクリームの材料を、ブレンダー（ミキサー）でなめらかになるまで撹拌する。先に取り出したアイリッシュモスペーストを加え、均等に混ざるまで撹拌する。

5. クリームを半分ずつに分け、半分は容器に移し、約2〜3時間、固まるまで冷蔵庫で冷やす。

6. 残りクリームの半分のさらにその半分量をバニラケーキの上に流し込み、クリームの上に、スライスしたイチゴ2と1/2カップ分を並べる。残したクリームを上から流し込み、平らにする。約1時間、または完全にクリームが固まるまで冷凍庫に入れる。

7. クリームが完全に固まったら、バニラケーキの残りを優しく上から敷き詰め、しっかりと押さえる。

8. 冷蔵庫に入れたクリームを取り出し、固まっていれば泡立て器で混ぜ、なめらかにする。

9. 1/2カップ分のクリームをケーキの上に均等にのばす。

10. 残りのクリームはデコレーション用なので、まだ少し柔らかいようであれば、完全に固まるまであと1時間ほど冷蔵庫に入れておく。

11. 星形の口金（または好みの口金）を付けた絞り袋を用意する。しっかり固まったクリームを絞り袋にいれ、ケーキの表面に絞り出し、残りのイチゴを使って飾る。

12. 数時間〜一晩、固まるまで冷蔵庫で冷やす。

応用　**チョコレートストロベリーショートケーキ**
粉末アーモンドの量を2と1/4カップに減らし、カカオパウダー大さじ4を加える。

Lomon Poppy Seed Cake
レモンポピーシードケーキ

古典派！ カップケーキにアレンジしても素敵に仕上がりますよ！

> 材料：21 ～ 23cm のケーキ 1 台分
> 必要器具：ブレンダー（ミキサー）、底が抜ける 21 ～ 23cm のケーキ型

ポピーシードケーキ：

ナッツフラワー（パルプを乾燥、粉末にしたもの） `P24と下記メモ参照` ……4 と 1/2 カップ

粉末にしたアーモンド `粉末の作り方は、P25参照` ……1 と 1/4 カップ（150g）

デーツペースト `P31参照` ……1 と 1/2 カップ

ココナッツオイル（固まっていたら溶かす）……190ml

レモン汁……大さじ 6

ケシの実（ポピーシード）……大さじ 2

バニラエキストラクト……小さじ 1

塩……小さじ 1/4

レモンの皮のすり下ろし……大さじ 2　▶代用品：レモンエッセンシャルオイル……数滴

水（水分量はナッツフラワーの種類によって異なる）……大さじ 2 ～ 4

レモンクリーム：

好みのナッツミルク `P23参照` ……2 カップ

浸水したアイリッシュモス `P30参照` ……1 と 1/4 カップ

カシューナッツ（浸水）……1 と 1/4 カップ（130g）

はちみつまたは好みの液体甘味料……120ml

レモン汁……大さじ 3

パンプキンパウダー【薄く黄色に色付けるためのオプション】……小さじ 1

　▶代用品：ターメリックパウダー……小さじ 1/4

バニラエキストラクト……小さじ 2

塩……小さじ 1/8

レシチン……大さじ 2

ココナッツオイル（固まっていたら溶かす）……120ml

仕上げ：

ケシの実（ポピーシード）……小さじ 1～3

レモンのスライスをメープルシロップで和え、一晩ディハイドレーターで乾燥させたもの【オプション】

……適量　▶代用品：レモンのスライス……適量

> **メモ**　ナッツフラワーの代わりにナッツパルプを使う場合は、水の量を減らして調節してください。

Sayuri's Raw Vegan Sweets　71

1. ポピーシードケーキを作る。全ての材料をボウルで、均等になるまで手でよく混ぜ合わせる。生地がドライでまとまらない場合は水分を少し加えて調整する。
2. 軽く油を塗った容器にポピーシードケーキの半量を敷き詰め、レモンクリームを作る間、冷凍庫に入れておく。
3. レモンクリームを作る。ナッツミルク1カップと、浸水したアイリッシュモスをブレンダー（ミキサー）で撹拌する。アイリッシュモスが完全に溶け、液体が少し温かくなるまで撹拌し、ボウルに取り出す。
4. それ以外のレモンクリームの材料を、ブレンダー（ミキサー）でなめらかになるまで撹拌する。先に取り出したアイリッシュモスペーストを加え、均等に混ざるまで撹拌する。
5. クリームを半分ずつに分け、半分は容器に移し、約2〜3時間、固まるまで冷蔵庫で冷やす。
6. 残り半分のクリームをポピーシードケーキの上に流し込み、平らにする。約1時間、または完全にクリームが固まるまで冷凍庫に入れておく。
7. クリームが完全に固まったら、ポピーシードケーキの残りの半量分を、優しく上から敷き詰め、しっかりと押さえる。
8. 冷蔵庫に入れたクリームを取り出し、固まっていれば、泡立て器で混ぜてなめらかにする。
9. 1/2カップ強のクリームをケーキの上に均等にのばす。
10. 残りのクリームはデコレーション用。まだ少し柔らかいようであれば、完全に固まるまであと1時間程冷蔵庫に入れる。
11. 丸い口金（または好みの口金）を付けた絞り袋を用意する。しっかり固まったクリームを絞り袋に入れ、ケーキの表面に絞り出し、数時間〜一晩、固まるまで冷蔵庫で冷やす。
12. 仕上げに、ケシの実と好みで乾燥スライスレモンを飾る。

74 Cakes, Doughnuts, and Crumbles

Fruit Cake
フルーツケーキ

フルーツとスパイスをたっぷり使い、しっとり感がたまらない、贅沢ケーキ。たっぷりのバニラホイップクリームと一緒にお楽しみください！

材料：5cm のミニケーキ 15 個分
必要器具：ミニシリコンマフィン型 `P36メモ参照` 、ディハイドレーター【オプション】

ケーキ生地：
粉末にしたアーモンド `粉末の作り方は、P25参照` ……1 と 1/4 カップ（150g）
ナッツフラワー（パルプを乾燥、粉末にしたもの） `P24と下記メモ参照` ……1 と 1/4 カップ
ココナッツオイル（固まっていたら溶かす）……大さじ 4
デーツペースト `P31参照` ……大さじ 2
塩……小さじ 1/4

ドライフルーツマリネ：
レーズン……1 と 1/4 カップ（150g）
スライスしたドライイチジク……2/3 カップ（75g）
スライスしたドライアプリコット……2/3 カップ（75g）
オレンジジュース……1 カップ
シナモンスティック……1 本
バニラビーンズ（縦半分に割り、種のみ使用）……1/2 本分　▶代用品：バニラエキストラクト……小さじ 1
ラム酒……小さじ 1　▶代用品："メディシンフラワー" のラムエキストラクト `P18参照` ……2 ～ 3 滴
塩……ひとつまみ

仕上げ：
バニラホイップクリーム `P51参照` ……1 と 1/2 ～ 2 と 1/2 カップ

> **メモ**　ナッツフラワーの代わりにナッツパルプを使う場合は、ココナッツオイルを大さじ 3 に減らして調節してください。

1. ドライフルーツマリネは、ボウルで全ての材料を和え、冷蔵庫で一晩漬け込む。
2. ケーキの生地は、全ての材料をボウルで、均等になるまで手でよく混ぜ合わせる。
3. ドライフルーツマリネから、バニラビーンズとシナモンスティックを取り出し、ケーキ生地に加えて、均等に混ぜ合わせる。
4. ミニシリコンマフィン型にしっかりと押し込む。
5. 冷蔵庫で数時間冷やし固めて生地を落ち着かせる。
6. 型から取り出し、ディハイドレーターのメッシュシートに並べ、57℃で 2 ～ 3 時間、内側は柔らかく外側はほどよく乾くまで乾燥させる（【オプション】それ以上温め続ける場合は 41 ～ 46℃に下げる）。
7. バニラホイップクリームを添えていただく。

Sayuri's Raw Vegan Sweets

Cakes, Doughnuts, and Crumbles

Chocolate Brownies with Ice Cream and Ganashe
チョコレートブラウニー
with アイスクリーム＆チョコレートガナッシュ

いつでも、どこでも、だれにでも、絶賛されること間違いなしのデリシャススウィーツ！

> 材料：12 個分
> 必要器具：フードプロセッサー、約 20 × 15cm サイズの容器

ブラウニー：
クルミ……2 と 3/4 カップ（270g）
カカオパウダー……大さじ 6
チェリーエキストラクト……小さじ 1/2
　▶代用品：“メディシンフラワー” のチェリーエキストラクト　P18参照　……2 ～ 3 滴
塩……小さじ 1/4
種抜きデーツ（ざく切り）……1 ～ 1 と 1/4 カップ（130 ～ 170g）
カカオニブ……大さじ 4
刻んだレーズン……大さじ 6（50g）

仕上げ：
バニラアイスクリーム　P157参照　……2 と 1/2 ～ 3 カップ
チョコレートガナッシュソース　P53参照　……適量

1. 2 と 1/2 カップ分のクルミとカカオパウダー、塩、チェリーエキストラクトを、フードプロセッサーで粉末状になるまで回し砕く。
2. フードプロセッサーを回しながら、デーツを加え、均等になるまで回す。
3. 残りのクルミ、カカオニブ、レーズンを加えて数秒間回す。
4. ボウルに移し均等になるように混ぜる。
5. 軽く油を塗った容器に敷き詰め、手でしっかりと押し込み、平らにする。冷蔵庫で 1 ～ 2 時間冷やし固める。
6. 12 個または好みの大きさにカットして、アイスクリームとチョコレートガナッシュソースを乗せていただく。

Sayuri's Raw Vegan Sweets

Samoan Coconut Dream Cake
サモア風ココナッツドリームケーキ

このケーキには、ベストスウィーツ賞をあげたい。サモア風とは？ それは、ココナッツ＋チョコレート＋キャラメルのみんなが大好きなゴールデントリオの三重奏を意味します。私のお気に入りのシェフ、fragrant vanilla cake からインスピレーションをいただきました。

> 材料：21 〜 23cm のケーキ 1 台分
> 必要器具：ブレンダー（ミキサー）、フードプロセッサー、底が抜ける 21 〜 23cm のケーキ型

クラスト：

ナッツフラワー（パルプを乾燥、粉末にしたもの）　P24参照　……1 と 1/4 カップ

アーモンド……2/3 カップ（70g）

カカオニブ……大さじ 1 と 1/2

塩……小さじ 1/4

メープルシロップまたは好みの液体甘味料……大さじ 3

ココナッツオイル（固まっていたら溶かす）……大さじ 3

ココナッツクリームフィリング：

カシューナッツ（浸水）……2 と 3/4 カップ（290g）

水……125ml

はちみつまたは好みの液体甘味料……125ml

ココナッツオイル（固まっていたら溶かす）……125ml

溶かしたカカオバター……大さじ 4（55g）

ココナッツバター　次頁メモ参照　……大さじ 4（60g）

バニラエキストラクト……小さじ 1

塩……小さじ 1/4

チョコレートフィリング：

カカオパウダー……大さじ 4

メープルシロップまたは好みの液体甘味料……大さじ 1

水……大さじ 1

Sayuri's Raw Vegan Sweets　79

キャラメルクリーム：

デーツペースト　P31参照　……1 と 1/4 カップ

ココナッツバター　下記メモ参照　……2/3 カップ（120g）

ココナッツオイル（固まっていたら溶かす）……大さじ 4

メープルシロップ……大さじ 2

塩……小さじ 1/4

"メディシンフラワー" のキャラメルエキストラクト　P18参照　【オプション】……6 〜 7 滴

仕上げ：

チョコレートガナッシュソース　P53参照　……適量

メモ　　ココナッツバターはココナッツオイルとは別物です。入手できない場合は、ドライココナッツから作れます。　P28参照

---

1. クラストを作る。フードプロセッサーでアーモンドを粉末状にし、ナッツフラワー、カカオニブ、塩を加えて、粉末状になるまで回す。

2. メープルシロップとココナッツオイルを加えて、均等になるまで回す。生地がドライでまとまらない場合は液体材料を少し加えて調整する。

3. 軽く油を塗ったケーキ型にクラストを手でしっかりと押さえつけて敷き詰め、冷蔵庫に入れておく。

4. ココナッツクリームフィリングを作る。全ての材料をブレンダー（ミキサー）でなめらかになるまで撹拌する。

5. チョコレートフィリング用に半量を残してタルトクラストの上から流し込み、平らにする。表面がある程度固まるまで 30 分ほど、冷凍庫で冷やす。

6. 残しておいたココナッツクリームフィリングに、チョコレートフィリング用の全ての材料を加えて撹拌する。冷やしたココナッツクリームフィリングの上から優しく流し込み、平らにする。表面がある程度固まるまで 30 分〜1 時間ほど冷凍庫で冷やす。

7. キャラメルクリームは、全ての材料をブレンダー（ミキサー）でなめらかになるまで撹拌する。

8. 冷凍庫からケーキを取り出し、チョコレートフィリングが程よく固まっていることを確認する。固まっていなければ、冷凍庫でもう少し冷やす（ケーキを冷やしている間、キャラメルクリームは、冷蔵庫に入れると固まってしまうので、常温で保存しておく）。

9. キャラメルクリームを優しく流し込み、平らにする。4 〜 6 時間冷蔵庫で冷やし完全に固める。

10. ケーキを型から取り出し、仕上げにスクイーズボトルに入れたチョコレートガナッシュソースを上から絞り出す。

Banana Carob Cake
バナナキャロブケーキ

軽い朝食やおやつにもなります！

材料：18×10cmのケーキ1台分
必要器具：フードプロセッサー、18×10cmのシリコンパウンドケーキ型

粉末にしたヘーゼルナッツ　`粉末の作り方は、P25参照`……2カップ（225g）
ナッツパルプ（ナッツミルクの搾りかす）　`P24参照`……2カップ
種抜きデーツ（細かく刻む）……大さじ5（50g）
キャロブパウダー　`下記メモ参照`……大さじ4　▶代用品：カカオパウダー
バニラエキストラクト……小さじ1
塩……小さじ1/4
ココナッツオイル（固まっていたら溶かす）……大さじ4
バナナ（細かく刻む）……2と1/2カップ分

仕上げ：
スライスしたバナナ、バニラホイップクリーム　`P51参照`、マカキャラメルクリームソース　`P53参照`
……各適量

1. フードプロセッサーで、ココナッツオイルとバナナ以外の全ての材料を入れ、デーツが均等に混ざり合うまで回す。
2. ココナッツオイルを加え、均等に混ざり合うまで回す。
3. ボウルに移し、バナナを加え混ぜる。
4. 軽く油を塗ったパウンドケーキ型に、取り出しやすいようにオーブンペーパーまたはラップを敷く。型に押し込み、平らにする。冷蔵庫で数時間冷やし固める。
5. 完全に固まったら型をまな板の上に反転し、生地を型から取り出す。
6. 2cmの厚さにスライスし、スライスしたバナナ、バニラホイップクリーム、マカキャラメルクリームソースを添えていただく。

> **メモ**　キャロブパウダーとは、地中海原産のイナゴマメを粉にしたもの。カカオの代用としてよく使われる、栄養満点で、甘味のある粉です。カフェインは含みません。

82   Cakes, Doughnuts, and Crumbles

Caramel Doughnuts
キャラメルドーナツ

塩キャラメルほどドーナツとの相性が良いものなんてあるかしら？ 超可愛いミニドーナツベイビーの誕生です。

> 材料：12 個分
> 必要器具：ブレンダー（ミキサー）、ディハイドレーター

ドーナツ：

ナッツフラワー（パルプを乾燥、粉末にしたもの）〈P24と下記メモ参照〉……2 カップ

粉末にしたアーモンド〈粉末の作り方は、P25参照〉……2 カップ（225g）

メープルシロップ……120ml

粉末にしたフラックスシード〈粉末の作り方は、P25参照〉……大さじ 4

ココナッツオイル（固まっていたら溶かす）……大さじ 3

バニラエキストラクト……小さじ 2

塩……小さじ 1/4

水（水分量はナッツフラワーの種類によって異なります）……120 〜 180ml

塩キャラメルフロスティング：　　※このレシピには、半分量で充分ですが、作りやすい分量です。

マカダミアナッツ（浸水）……2 カップ（180g）

好みのナッツミルクまたは水……大さじ 6

ココナッツオイル（固まっていたら溶かす）……大さじ 6

メープルシロップ……大さじ 4

ルクマパウダー……大さじ 1

"メディシンフラワー"のキャラメルエキストラクト〈P18参照〉【オプション】……4 〜 6 滴

バニラエキストラクト……小さじ 2

塩……小さじ 1/2

仕上げ：

カカオニブまたは刻んだナッツ……適量

> **メモ**　ナッツフラワーの代わりにナッツパルプを使う場合は、水の量を減らして調節してください。

1. ドーナツを作る。全ての材料をボウルで、均等になるまで手でよく混ぜ合わせる。
2. 生地を 12 個に分け、丸く形成し、指で真ん中に穴をあける。ひび割れるようであれば、水分を少し加えて混ぜ直す。
3. ディハイドレーターのメッシュシートに並べ、41 〜 46℃で約 8 時間、外側は乾燥し、内側は柔らかいうちに乾燥を止める。
4. 塩キャラメルフロスティングを作る。全ての材料をブレンダー（ミキサー）でなめらかになるまで撹拌し、冷蔵庫で 1 時間ほど冷やし固め、スクイーズボトルに移す。
5. ドーナツの上にフロスティングを絞り出し、仕上げにカカオニブや刻んだナッツを飾る。

Sayuri's Raw Vegan Sweets　83

応用

Pink Lavender Frosting
ピンクラベンダーフロスティング

fragrant vanilla cake にインスパイアされた、キュートなカラフルドーナツのためのフロスティングです。

> **材料：2 と 1/2 カップ分**
> **必要器具：ブレンダー（ミキサー）、ディハイドレーター**

カシューナッツ（浸水）……2 カップ（200g）

ビートジュース……大さじ 1 と 1/2　▶**代用品**：イチゴパウダー……大さじ 1

水……大さじ 1

ココナッツオイル（固まっていたら溶かす）……大さじ 4

はちみつまたは好みの液体甘味料……大さじ 4

レモン汁……小さじ 2

ドライラベンダー……小さじ 2

バニラエキストラクト……小さじ 1

塩……小さじ 1/4

1. 全ての材料をブレンダー（ミキサー）でなめらかになるまで撹拌する。

Sayuri's Raw Vegan Sweets　85

Cakes, Doughnuts, and Crumbles

Peach Crumble with Vanilla Ice Cream
ピーチクランブル with バニラアイスクリーム

とても簡単なスウィーツのひとつでありながら、ルックスもテイストも、ゴージャス。旬の完熟ピーチのジューシーさを楽しんで！ 季節外には柿やリンゴ、ベリー類などの好みの他の果物でお試しください。

> 材料：18 × 24cm のクランブル 1 台分（10 〜 12 個分）
> 必要器具：約 18 × 24cm サイズの容器、フードプロセッサー、ディハイドレーター【オプション】

フィリング：
桃（スライス）……7 と 1/2 カップ分　▶**代用品**：プラム、梨、リンゴ、ベリー類
はちみつまたは好みの液体甘味料……大さじ 1
レモン汁……大さじ 1
カルダモンパウダー……小さじ 1/2

クランブル：
クルミまたはピーカンナッツ……3 と 3/4 カップ（360g）
メープルシロップ……大さじ 2
ココナッツオイル（固まっていたら溶かす）……大さじ 1
シナモンパウダー……小さじ 1
ナツメグパウダー……小さじ 1/4
塩……小さじ 1/4
種抜きデーツ（ざく切り）……2/3 カップ（85g）

仕上げ：
バニラアイスクリーム　◀P157参照　【オプション】……適量

1. フィリングを作る。桃 3 カップ分と残りすべての材料を、フードプロセッサーで軽く回す。
2. ボウルに移し、残りの桃と混ぜ合わせる。
3. クランブルを作る。フードプロセッサーでクルミを細かくなるまで回し砕く。残りすべての材料を加えて回す。最終的には握ると軽くくっつき、簡単に崩れる程度になる。回しすぎてペースト状にならないように注意。
4. 薄く油を塗った容器に、クランブルの半量を敷き詰める。
5. その上にフィリングを乗せ、残りのクランブルを散らす。
6. 57℃のディハイドレーターで 2 〜 3 時間温める。（【オプション】それ以上温め続ける場合は 41 〜 46℃に下げる。）
7. 好みでバニラアイスクリームを添えていただく。

Sayuri's Raw Vegan Sweets

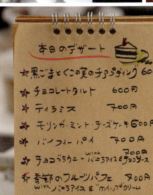

Cheesecake
チーズケーキ

ローのチーズケーキは、いちば〜ん簡単なスウィーツのひとつです！ あなたのお好みで、いろいろなフレーバーバージョンをお楽しみください！

Blueberry Cheesecake
ブルーベリー・チーズケーキ

簡単に、失敗することなく、みんなに幸せと笑顔をもたらすスウィーツです。

> 材料：21〜23cmのケーキ1台分
> 必要器具：ブレンダー（ミキサー）、フードプロセッサー、底が抜ける21〜23cmのケーキ型

クラスト：
好みのナッツや種……2カップ
カカオパウダー……大さじ2
塩……小さじ1/4
種抜きデーツ（ざく切り）……1カップ（130g）（デーツの柔らかさによって加減する）

ブルーベリーチーズケーキフィリング：
カシューナッツ（浸水）……3と1/2カップ（350g）
ブルーベリー……2と1/2カップ
はちみつまたは好みの液体甘味料……120ml
レモン汁……大さじ4
レモンの皮のすり下ろし……大さじ1　▶代用品：レモンエッセンシャルオイル……数滴
バニラエキストラクト……小さじ1
塩……小さじ1/4
レシチン（なければ省略可）……大さじ2
ココナッツオイル（固まっていたら溶かす）……230ml（1カップ＋大さじ2）
（軽く仕上げたい場合：ココナッツオイル140ml＋アイリッシュモスペースト120ml）

仕上げ：
ブルーベリー【オプション】……適量

1. クラストを作る。フードプロセッサーでデーツ以外の全ての材料を細かくなるまで回す。
2. フードプロセッサーを回しながら、デーツを少しずつ投入していく。最終的には握ると軽くくっつき、簡単に崩れる程度が理想。生地がくっつかないようであれば、もう少しデーツまたはココナッツオイルを足して加減する。
3. 軽く油を塗ったケーキ型にクラストを手でしっかりと押さえつけて敷き詰め、冷蔵庫に入れておく。
4. フィリングを作る。ココナッツオイル（とアイリッシュモス）以外の全ての材料をブレンダー（ミキサー）でなめらかになるまで撹拌する。
5. ココナッツオイル（とアイリッシュモス）を加えて、均等になめらかに混ざるまで撹拌する。
6. クラストの上にフィリングを流し込み、好みでブルーベリーを飾り、8時間〜一晩冷蔵庫で完全に冷やし固める。

Sayuri's Raw Vegan Sweets

Mango Chocolate Cheesecake
マンゴー・チョコレート・チーズケーキ

甘くて風味豊かなマンゴーとリッチなチョコレートは、まさに一番人気のゴールデンコンビです。

> 材料：21 〜 23cm のケーキ 1 台分
> 必要器具：ブレンダー（ミキサー）、フードプロセッサー、底が抜ける 21 〜 23cm のケーキ型

チョコレートクラスト：

アーモンド……1 と 1/2 カップ（190g）

ドライココナッツロング……2/3 カップ（38g）

カカオパウダー……大さじ 2

塩……小さじ 1/4

種抜きデーツ（ざく切り）……1 カップ（130g）（デーツの柔らかさによって加減する）

マンゴーチーズケーキフィリング：

カシューナッツ（浸水）……3 カップ（325g）

完熟マンゴー（ざく切り）……2 と 1/2 カップ分

はちみつまたは好みの液体甘味料……大さじ 4 〜 6（マンゴーの甘さによって加減する）

好みのナッツミルク　`P23参照`　または水……大さじ 4

レモン汁……大さじ 2

バニラキストラクト……小さじ 1

塩……小さじ 1/4

レシチン（なければ省略可）……大さじ 2

ココナッツオイル（固まっていたら溶かす）……230ml（1 カップ＋大さじ 2）

（軽く仕上げたい場合：ココナッツオイル 140ml ＋アイリッシュモスペースト 120ml）

仕上げ：

溶かしたダークチョコレート　`P135、136参照`　……大さじ 4（60g）

1. クラストを作る。フードプロセッサーでデーツ以外の全ての材料を細かくなるまで回す。
2. フードプロセッサーを回しながら、デーツを少しずつ投入していく。最終的には握ると軽くくっつき、簡単に崩れる程度が理想的。生地がくっつかないようであれば、もう少しデーツ、またはココナッツオイルを足して加減する。
3. 軽く油を塗ったケーキ型にクラストを手でしっかりと押さえつけて敷き詰め、冷蔵庫に入れておく。
4. フィリングを作る。ココナッツオイル（とアイリッシュモス）以外の全ての材料をブレンダー（ミキサー）でなめらかになるまで撹拌する。
5. ココナッツオイル（とアイリッシュモス）を加えて、均等になめらかに混ざるまで撹拌する。
6. クラストの上にフィリングを流し込み、8 時間〜一晩冷蔵庫で完全に冷やし固める。
7. 仕上げに溶かしたダークチョコレートをスクイーズボトル等で絞り出して飾る。

Sayuri's Raw Vegan Sweets

Raspberry Marble Cheesecake

ラズベリー・マーブル・チーズケーキ

マーブル模様で、美味しいだけでなく素敵な見栄えに。ラズベリーの甘酸っぱさがチーズケーキにぴったりです。

> **材料：21 〜 23cm のケーキ 1 台分**
> **必要器具：ブレンダー（ミキサー）、フードプロセッサー、底が抜ける 21 〜 23cm のケーキ型**

クラスト：

マカダミアナッツ……1 カップ（90g）

ヘーゼルナッツ……2/3 カップ（70g）

カカオニブ……大さじ 4

塩……小さじ 1/4

種抜きデーツ（ざく切り）……1 カップ（130g）

（デーツの柔らかさによって加減する）

バニラチーズケーキフィリング：

カシューナッツ（浸水）……3 と 1/2 カップ（350g）

好みのナッツミルク `P23参照`

……1 と 1/4 カップ

はちみつまたは好みの液体甘味料……120ml

レモン汁……大さじ 4

レモンの皮のすり下ろし……大さじ 1

▶ 代用品：レモンエッセンシャルオイル……数滴

バニラエキストラクト……小さじ 2

塩……小さじ 1/4

レシチン（なければ省略可）……大さじ 2

ココナッツオイル（固まっていたら溶かす）160ml

溶かしたカカオバター……70ml（60g）

（軽く仕上げたい場合：ココナッツオイル 100ml ＋
カカオバター 40ml（35g）＋アイリッシュモスペースト
120ml）

ラズベリーチーズケーキフィリング：

ラズベリー……1 と 1/4 カップ

ココナッツオイル（固まっていたら溶かす）……大さじ 2

はちみつまたは好みの液体甘味料……大さじ 2

1. クラストを作る。フードプロセッサーでデーツ以外の全ての材料を細かくなるまで回す。
2. フードプロセッサーを回しながら、デーツを少しずつ投入していく。最終的には握ると軽くくっつき、簡単に崩れる程度が理想的。生地がくっつかないようであれば、もう少しデーツまたはココナッツオイルを足して加減する。
3. 軽く油を塗ったケーキ型にクラストを手でしっかりと押さえつけて敷き詰め、冷蔵庫に入れておく。
4. バニラチーズケーキフィリングを作る。ココナッツオイルとカカオバター（とアイリッシュモス）以外の全ての材料をブレンダー（ミキサー）で均等になめらかになるまで撹拌する。
5. ココナッツオイルとカカオバター（とアイリッシュモス）を加えて、均等になめらかに混ざるまで撹拌する。
6. ボウルに 1/3 の量を取り出す。
7. 残りのバニラチーズケーキフィリングに、ラズベリーフィリング用の材料を全て加えて撹拌し、別のボウルに入れる。
8. クラストに、2 種類のフィリングを無造作に流し込む。
9. ケーキを持ち上げて軽く机に落として表面を平らにする。竹串をフィリングに垂直に刺し、優しくなめらかに円を描いたり、好みの模様を作る。 `P109メモ参照`
10. 8 時間〜一晩冷蔵庫で完全に冷やし固める。

Sayuri's Raw Vegan Sweets 95

Mint and Spirulina Cheesecake
ミント・スピルリナ・チーズケーキ

ミントとチョコレートのコンビはお墨付き。私のお気に入りチーズケーキの１つです！

材料：21 〜 23cm のケーキ１台分
必要器具：ブレンダー（ミキサー）、フードプロセッサー、底が抜ける 21 〜 23cm のケーキ型

クラスト：

ドライココナッツロング……2 カップ（115g）

カシューナッツ……1 カップ（100g）

カカオニブ……大さじ 2

塩……小さじ 1/4

種抜きデーツ（ざく切り）……1 カップ（130g）（デーツの柔らかさによって加減する）

レモンチーズケーキフィリング：

カシューナッツ（浸水）……3 と 1/2 カップ（350g）

はちみつまたは好みの液体甘味料……120ml

水……120ml

レモン汁……大さじ 4

レモンの皮のすり下ろし……大さじ 2　▶代用品：レモンエッセンシャルオイル……数滴

バニラエキストラクト……小さじ 2

塩……小さじ 1/4

レシチン（なければ省略可）……大さじ 2

ココナッツオイル（固まっていたら溶かす）……230ml（1 カップ＋大さじ 2）

（軽く仕上げたい場合：ココナッツオイル 140ml ＋アイリッシュモスペースト 120ml）

ミントスピルリナフィリング：

ペパーミントの葉……1/2 カップ

　▶代用品：ミントエキストラクト……小さじ 1、またはエッセンシャルオイル……1 〜 2 滴

スピルリナパウダー……小さじ 1

チョコレートフィリング：

カカオパウダー……大さじ 2

水……大さじ 1

1. クラストを作る。フードプロセッサーでドライココナッツを粉末状にした後、デーツ以外の全ての残りの材料を加えて、細かくなるまで回す。
2. フードプロセッサーを回しながら、デーツを少しずつ投入していく。最終的には握ると軽くくっつき、簡単に崩れる程度が理想的。生地がくっつかないようであれば、もう少デーツ、またはココナッツオイルを足して加減する。
3. 軽く油を塗ったケーキ型にクラストを手でしっかりと押さえつけて敷き詰め、冷蔵庫に入れておく。
4. レモンチーズケーキフィリングを作る。ココナッツオイル（とアイリッシュモス）以外の全ての材料をブレンダー（ミキサー）でなめらかになるまで撹拌する。
5. ココナッツオイル（とアイリッシュモス）を加えて、均等になめらかに混ざるまで撹拌する。
6. フィリングの半分の量をクラストの上から流し込み、30分程冷蔵庫で冷やし固める。
7. 残りのレモンチーズケーキフィリングに、ミントスピルリナフィリング用の全ての材料を加えて撹拌し、120ml分を残して、レモンチーズケーキフィリングの上に注ぐ。
8. 残った120ml分の、ミントスピルリナフィリングに、チョコレートフィリング用の材料を加えて撹拌し、スクイーズボトルに入れる。
9. チョコレートフィリングを表面に大小様々に丸く絞り出す。
10. ケーキを持ち上げて軽く机に落として表面を平らにする。竹串をフィリングに垂直に刺し、優しくなめらかに円を描いたり、好みの模様を作る。 ◀ P109メモ参照
11. 8時間〜一晩冷蔵庫で完全に冷やし固める。

Sayuri's Raw Vegan Sweets

Cheesecake

"Oreo" Cream Cheesecake
"オレオ" クリームチーズケーキ

しばらく市販のオレオクッキーはご無沙汰な私でも、そのほろ苦いビスケットと、リッチでクリーミーなフィリングとのパーフェクトな組み合わせの贅沢さをよく覚えています。ある日突然その贅沢さの必要性を感じ、作っちゃいました。チーズケーキは美味しく、人生はさいこ〜だ〜！

> 材料：21 〜 23cm のケーキ 1 台分
> 必要器具：ブレンダー（ミキサー）、フードプロセッサー、底が抜ける 21 〜 23cm のケーキ型

"オレオ" クラスト＆トッピング：
カカオニブ……1 と 3/4 カップ＋大さじ 2
粉末にしたココナッツシュガーまたは好みの粉末状甘味料……大さじ 8
　▶代用品：細かく刻んだデーツ……1 と 1/4 カップ（170g）
塩……小さじ 1/4
ココナッツオイル（固まっていたら溶かす）……大さじ 5

ホワイトクリームチーズケーキフィリング：
カシューナッツ（浸水）……2 と 3/4 カップ（300g）
水……1 と 1/4 カップ
はちみつまたは好みの液体甘味料……3/4 カップ（150ml）
レモン汁……大さじ 4
バニラエキストラクト……小さじ 2
塩……小さじ 1/4
レシチン（なければ省略可）……大さじ 1
ココナッツオイル（固まっていたら溶かす）……90ml
溶かしたカカオバター……160ml（140g）

1. "オレオ" クラストを作る。フードプロセッサーで、カカオニブ、ココナッツシュガー、塩を粉状になるまで回す（デーツを使用する場合は、まずカカオニブと塩を粉状になるまで回した後、デーツを加え均等になるまで回す）。
2. ココナッツオイルを加え、均等になるまで回す。
3. 軽く油を塗った型に、クラストの半量を手でしっかりと押さえつけて敷き詰め、冷蔵庫に入れておく（残りの半量は常温においておく）。
4. ホワイトクリームチーズケーキフィリングを作る。ココナッツオイル、カカオバター以外の全ての材料を、ブレンダー（ミキサー）でなめらかになるまで撹拌する。
5. ココナッツオイルとカカオバターを加え均等に混ざるまで撹拌する。
6. "オレオ" クラストの上にフィリングを流し込み、冷蔵庫で 30 分ほど冷やし、表面がある程度固まったら、残りの "オレオ" クラストを散らし、優しく押さえる。
7. 冷蔵庫で 4 〜 6 時間、または完全に固まるまで冷やす。

Sayuri's Raw Vegan Sweets　99

応用

Strawberry "Oreo" Cream Cheesecake
ストロベリー "オレオ" クリームチーズケーキ

レモン汁の量を大さじ2に減らし、フィリングにイチゴ1と1/2カップを加えて撹拌したあと、適当にカットしたイチゴ1カップを優しく混ぜ込む。

> 応用

Mint and Spirulina "Oreo" Cream Cheesecake
ミント＆スピルリナ"オレオ"クリームチーズケーキ

フィリングにスピルリナパウダー小さじ 2 と、ペパーミントの葉 1/2 カップ（またはミントエキストラクト小さじ 1 またはエッセンシャルオイル数滴）、色づけのためにオプションで大麦若葉小さじ 2 を加えて撹拌する。

> 応用

Moringa Mint Chocolate Chip "Oreo" Cream Cheesecake
モリンガミントチョコチップ "オレオ" クリームチーズケーキ

フィリングに、モリンガパウダー小さじ 2 と、ペパーミントの葉 1/2 カップ（またはミントエキストラクト小さじ 1 またはエッセンシャルオイル数滴）、色づけのためにオプションで大麦若葉小さじ 2 を加えて撹拌したあと、カットしたダークチョコレート適量を優しく混ぜ込む。

> モリンガについてはP163参照

Passion Cheesecake

パッション・チーズケーキ

パッションフルーツはチーズケーキの王様！ そのフルーティーな甘酸っぱさは、リッチでクリーミーなチーズケーキと見事に混ざり合います。パッションフルーツは、酸味の強い黄色いものを選びましょう。

材料：21〜23cm のケーキ 1 台分
必要器具：ブレンダー（ミキサー）、フードプロセッサー、底が抜ける 21〜23cm のケーキ型

クラスト：

ナッツフラワー（パルプを乾燥、粉末にしたもの） P24参照 ……1 と 1/4 カップ

アーモンド……2/3 カップ（70g）

カカオニブ……大さじ 1 と 1/2

塩……小さじ 1/4

メープルシロップまたは好みの液体甘味料……大さじ 3

ココナッツオイル（固まっていたら溶かす）……大さじ 3

パッションフルーツチーズケーキフィリング：

カシューナッツ（浸水）……3 カップ（325g）

パッションフルーツの果肉（パッションフルーツ約 8 個分）……1 と 1/4 カップ

はちみつまたは好みの液体甘味料……3/4 カップ（150ml）

水……120ml

バニラエキストラクト……小さじ 1

塩……小さじ 1/4

レシチン（なければ省略可）……大さじ 1

ココナッツオイル（固まっていたら溶かす）……170ml

溶かしたカカオバター……80ml（70g）

パッションフルーツゼリー：

パッションフルーツの果肉（パッションフルーツ約 4 個分）……1/2 カップ

浸水したアイリッシュモス P30参照 ……1 と 1/4 カップ

水……1 と 1/4 カップ

はちみつまたは好みの液体甘味料……大さじ 3〜4

ココナッツオイル（固まっていたら溶かす）……大さじ 3

サイリウハスク（オオバコパウダー）……小さじ 1

1. クラストを作る。フードプロセッサーでアーモンドを粉末状にし、ナッツフラワー、カカオニブ、塩を加えて、粉末状になるまで回す。
2. メープルシロップとココナッツオイルを加えて、均等になるまで回す。生地がドライでまとまらない場合は液体材料を少し加えて調整する。
3. 軽く油を塗ったケーキ型にクラストを手でしっかりと押さえつけて敷き詰め、冷蔵庫に入れておく。
4. パッションフルーツチーズケーキフィリングを作る。ココナッツオイル、カカオバター以外の全ての材料を、ブレンダー（ミキサー）でなめらかになるまで撹拌する。

Cheesecake

5. ココナッツオイルとカカオバターを加え均等に混ざるまで撹拌する。
6. クラストの上にフィリングを流し込む。パッションフルーツゼリーを作る間、冷凍庫に入れておく。
7. パッションフルーツゼリーを作る。浸水したアイリッシュモスと水をブレンダー（ミキサー）で撹拌する。アイリッシュモスが完全に溶け、液体が少し温かくなるまで撹拌する。
8. ボウルに移し、残り全ての材料を加え、泡立て器でなめらかになるまで混ぜる。
9. 冷凍庫からケーキを取り出し、表面が完全に固まっていることを確認します。固まっていなければ、冷凍庫でもう少し冷やす（ケーキを冷やしている間、ゼリーは冷蔵庫に入れると固まってしまうので、常温で保存しておく）。
10. ゼリーを優しく流し込み、平らにする。4〜6時間冷蔵庫で冷やし完全に固める。

Banana Caramel Cheesecake

バナナ・キャラメル・チーズケーキ

簡単で、失敗なく、間違いなく美味しい、みんなに幸せとスマイルをもたらすケーキです。

> 材料：21〜23cm のケーキ 1 台分
> 必要器具：ブレンダー（ミキサー）、フードプロセッサー、底が抜ける 21〜23cm のケーキ型

クラスト：

クルミ……1 カップ（90g）
カシューナッツ……1 カップ（100g）
カカオニブ……大さじ 2
塩……小さじ 1/4
種抜きデーツ（ざく切り）……1 カップ（130g）
（デーツの柔らかさによって加減する）

バナナキャラメルチーズケーキフィリング：

カシューナッツ（浸水）……3 カップ（325g）
ざくきりバナナ……2 カップ
好みのナッツミルク P23参照 または水
……1 と 1/4 カップ
メープルシロップ……120ml
レモン汁……大さじ 3
バニラキストラクト……小さじ 1
塩……小さじ 1/4
"メディシンフラワー" のキャラメルエキストラクト
P18参照 【オプション】……5〜6滴

レシチン（なければ省略可）……大さじ 2
ココナッツオイル（固まっていたら溶かす）
……230ml（1 カップ＋大さじ 2）
（軽く仕上げたい場合：ココナッツオイル 140ml ＋
アイリッシュモスペースト 120ml）

塩キャラメルソース：

タヒニ（白練りごま）またはアーモンドバター
……大さじ 2
ココナッツオイル（固まっていたら溶かす）
……大さじ 2
メープルシロップ……大さじ 2
バニラキストラクト……小さじ 1
塩……小さじ 1/8

1. クラストを作る。フードプロセッサーでデーツ以外の全ての材料を細かくなるまで回す。
2. フードプロセッサーを回しながら、デーツを少しずつ投入していく。最終的には握ると軽くくっつき、簡単に崩れる程度が理想。生地がくっつかないようであれば、もう少しデーツまたはココナッツオイルを足して加減する。軽く油を塗ったケーキ型にクラストを手でしっかりと押さえつけて敷き詰め、冷蔵庫に入れておく。
3. バナナキャラメルチーズケーキフィリングを作る。ココナッツオイル（とアイリッシュモス）以外の全ての材料をブレンダー（ミキサー）でなめらかになるまで撹拌する。
4. ココナッツオイル（とアイリッシュモス）を加えて、均等になめらかに混ざるまで撹拌する。
5. クラストの上にフィリングを流し込み、8 時間〜一晩冷蔵庫で完全に冷やし固める。
6. 塩キャラメルソースを作る。ボウルにすべての材料を入れ、泡立て器でなめらかになるまで混ぜ、スクイーズボトルに移す。
7. ケーキを型から取り出し、仕上げにスクイーズボトルに入れた塩キャラメルソースを上から絞り出す。

Sayuri's Raw Vegan Sweets　　105

Chai Persimmon Cheesecake
柿のチャイ風味チーズケーキ

完熟の柿がチャイ風味と出会ったら……とびきりのごちそうです!

> 材料：21 ～ 23cm のケーキ 1 台分
> 必要器具：ブレンダー（ミキサー）、フードプロセッサー、底が抜ける 21 ～ 23cm のケーキ型

クラスト：

ドライココナッツロング……1 と 1/4 カップ（75g）

アーモンド……1 と 1/4 カップ（140g）

カカオニブ……大さじ 2

シナモンパウダー……小さじ 1

カルダモンパウダー……小さじ 1/4

塩……小さじ 1/4

種抜きデーツ（ざく切り）……1 カップ（130g）（デーツの柔らかさによって加減する）

柿のチーズケーキフィリング：

カシューナッツ（浸水）……3 カップ（325g）

完熟の柿（ざく切り）……2 と 1/2 カップ分（約大 2 個分）

はちみつまたは好みの液体甘味料……大さじ 4 ～ 8（柿の甘さによって加減する）

好みのナッツミルク P23参照 または水……大さじ 4

レモン汁……大さじ 3

バニラエキストラクト……小さじ 2

塩……小さじ 1/4

レシチン（なければ省略可）……大さじ 2

ココナッツオイル（固まっていたら溶かす）……230ml（1 カップ＋大さじ 2）

溶かしたカカオバター……大さじ 2（26g）

（軽く仕上げたい場合：カカオバター大さじ 1 ＋ココナッツオイル 150ml ＋アイリッシュモスペースト 120ml）

チャイソース：

チャイスパイス……小さじ 2

▶代用品：シナモンパウダー小さじ 1 ＋カルダモンパウダー小さじ 1/2 ＋ジンジャーパウダー小さじ 1/2 ＋
クローブパウダーひとつまみ

カカオパウダー……大さじ 1 と 1/2

ココナッツオイル（固まっていたら溶かす）……大さじ 1

水……大さじ 1

1. クラストを作る。フードプロセッサーでドライココナッツを粉末状にし、デーツ以外の全ての残りの材料を加えて、細かくなるまで回す。
2. フードプロセッサーを回しながら、デーツを少しずつ投入する。最終的には握ると軽くくっつき、簡単に崩れる程度が理想。生地がくっつかないようであれば、もう少しデーツまたはココナッツオイルを足して加減する。
3. 軽く油を塗ったケーキ型にクラストを手でしっかりと押さえつけて敷き詰め、冷蔵庫に入れておく。
4. 柿のチーズケーキフィリングを作る。ココナッツオイル、カカオバター（とアイリッシュモス）以外の全ての材料をブレンダー（ミキサー）でなめらかになるまで撹拌する。
5. ココナッツオイル、カカオバター（とアイリッシュモス）を加えて、均等になめらかに混ざるまで撹拌する。
6. チャイソース用に2カップ分を残して、クラストの上から流し込む。
7. 残った2カップ分のフィリングに、チャイソース用の全ての材料加えて撹拌し、スクイーズボトルに入れる。
8. チャイソースを表面に大小様々に丸く絞り出す。
9. ケーキを持ち上げて軽く机に落として表面を平らにする。竹串をフィリングに垂直に刺し、優しくなめらかに円を描いたり、好みの模様を作る。 P109メモ参照
10. 8時間〜一晩冷蔵庫で完全に冷やし固める。

Orange White Chocolate Cheesecake
オレンジ・ホワイトチョコレート・チーズケーキ

とろけるホワイトチョコレートとフレッシュで甘酸っぱいオレンジは、まさにパーフェクトコンビネーション！

> 材料：21〜23cmのケーキ1台分
> 必要器具：ブレンダー（ミキサー）、フードプロセッサー、底が抜ける21〜23cmのケーキ型

クラスト：

ドライココナッツロング……1と1/4カップ（75g）

アーモンド……1と1/4カップ（140g）

シナモンパウダー……小さじ1

塩……小さじ1/4

種抜きデーツ（ざく切り）……1カップ（130g）
（デーツの柔らかさによって加減する）

オレンジホワイトチョコレートチーズケーキフィリング：

カシューナッツ（浸水）……3と1/2カップ（350g）

オレンジジュース……2と1/2カップ

はちみつまたは好みの液体甘味料……120ml

レモン汁……大さじ3

オレンジの皮のすり下ろし……大さじ1
▶ 代用品：オレンジエッセンシャルオイル……数滴

塩……小さじ1/4

レシチン（なければ省略可）……大さじ2

ココナッツオイル（固まっていたら溶かす）
……160ml

溶かしたカカオバター……70ml（60g）
（軽く仕上げたい場合：ココナッツオイル100ml
＋カカオバター40ml（35g）＋アイリッシュモス
ペースト120ml）

チョコレートソース：

カカオパウダー……大さじ2

水……大さじ1

作り方は、「柿のチャイ風味チーズケーキ」と同様。　`P106参照`

メモ

マーブル模様の描きかた

フィリングとは別に、その一部に色づけとなる食材を加えたソースを用意します。両方が同じ濃度であることが、美しいマーブル模様を描くポイントです。

スクイーズボトルにソースを入れます。スクイーズボトルを使うと、きれいに丸くしぼり出せます。

面白いマーブル模様を作るには、フィリングの表面に、大小様々に丸く絞り出します。スクイーズボトルの先をフィリングの奥深くに押し込んでから力強く絞る

と、中までマーブル模様ができ、ケーキをカットしたときの見栄えがよくなります。フィリングの表面に軽い力で絞り出せば、表面のみのマーブル模様になります。両方のテクニックを利用して、様々な大きさに丸く絞り出します。

ソースが必要以上であれば、全て使い切る必要はありません。ケーキを持ち上げて軽く机に落として表面を平らにし、竹串をフィリングに刺し、垂直に優しくなめらかに円を描いたり、好みの模様を作る。

Tarts and Pies
タルト＆パイ

ロータルトやパイは、美味しいだけでなく、
焼いたものよりもっと簡単に出来上がります！

Fruit Tart in Season
季節のフルーツタルト

美しく、色鮮やかなフルーツタルトで、旬のフルーツを楽しみましょう！

> 材料：23cm のタルト型 1 台分
> 必要器具：ブレンダー（ミキサー）、フードプロセッサー、底が抜ける 23cm のタルト型

クラスト：
アーモンド……1 と 1/4 カップ（140g）
クルミ……1 と 1/4 カップ（120g）
塩……小さじ 1/4
メープルシロップ……大さじ 2

レモンクリームフィリング：
カシューナッツ（浸水）……2 と 1/2 カップ（260g）
はちみつまたは好みの液体甘味料……大さじ 6（80ml）
レモン汁……大さじ 4
水……大さじ 4
レモンの皮のすり下ろし……大さじ 1　▶代用品：レモンエッセンシャルオイル……数滴
バニラエキストラクト……小さじ 1
塩……小さじ 1/4
ココナッツオイル（固まっていたら溶かす）……大さじ 6（80ml）

仕上げ：
好みの季節のフルーツ……約 4 カップ

1. クラストを作る。フードプロセッサーでアーモンドを粉末状にし、クルミと塩を加えて、細かくなるまで回す。
2. フードプロセッサーを回しながら、メープルシロップを加える。最終的には握ると軽くくっつき、簡単に崩れる程度が理想的。生地がくっつかないようであれば、もう少しメープルシロップまたはココナッツオイルを足して加減する。
3. 軽く油を塗った型にクラストを入れ、ふちを整え、手でしっかりと押さえつけて敷き詰め、冷蔵庫に入れておく。
4. レモンクリームフィリングを作る。全ての材料を、ブレンダー（ミキサー）でなめらかになるまで撹拌する。
5. クラストの上にフィリングを流し込み、上に適当にカットした好みのフルーツを飾り、8 時間〜一晩冷蔵庫で完全に冷やし固める。

112 • Tarts and Pies

Double Chocolate Pie
ダブルチョコレートパイ

"今"は、present（プレゼント）。今日という日は贈り物。チョコレートパイでお祝いしましょう！

> 材料：23cm のタルト型 1 台分
> 必要器具：ブレンダー（ミキサー）、フードプロセッサー、底が抜ける 23cm のタルト型

ヘーゼルナッツクラスト：

ヘーゼルナッツ……1 と 1/4 カップ（140g）
カシューナッツ……2/3 カップ 65g）
カカオパウダー……大さじ2
カカオニブ……大さじ 2
塩……小さじ 1/4
種抜きデーツ（ざく切り）……1 〜 1 と 1/4 カップ（130 〜 170g）（デーツの柔らかさによって加減する）

チョコレートフィリング：

カシューナッツ（浸水）……2 と 1/2 カップ（260g）
デーツペースト ◀ P31参照 ……1 と 1/4 カップ
水……1 と 1/4 カップ
ココナッツオイル（固まっていたら溶かす）……120ml
メープルシロップ……大さじ 2
バニラエキストラクト……小さじ 1
塩……小さじ 1/4
カカオパウダー……1 と 1/4 カップ

1. ヘーゼルナッツクラストを作る。フードプロセッサーでデーツ以外の全ての材料を細かくなるまで回す。
2. フードプロセッサーを回しながら、デーツを少しずつ投入していく。最終的には握ると軽くくっつき、簡単に崩れる程度が理想的。生地がくっつかないようであれば、もう少しデーツまたはココナッツオイルを足して加減する。
3. 軽く油を塗った型にクラストを入れ、ふちを整え、手でしっかりと押さえつけて敷き詰め、冷蔵庫に入れておく。
4. チョコレートフィリングを作る。カカオパウダー以外の全ての材料を、ブレンダー（ミキサー）でなめらかになるまで撹拌する。
5. 最後にカカオパウダーを加え均等に混ざるまで撹拌する。
6. クラストの上にフィリングを流し込み、表面をなめらかにし、8 時間〜一晩冷蔵庫で完全に冷やし固める。

Sayuri's Raw Vegan Sweets

Banana Dream Pie
バナナドリームパイ

明日は何が起こるか分からない。バナナドリームパイは今あるうちに食べよう！

> 材料：23cm のパイ型 1 台分
> 必要器具：ブレンダー（ミキサー）、フードプロセッサー、底が抜ける 23cm のパイ型

クラスト：
ドライココナッツロング……1 と 1/4 カップ（75g）
カシューナッツ……1 と 1/4 カップ＋大さじ 2（145g）
カカオニブ……大さじ 2
カカオパウダー……大さじ 2
塩……小さじ 1/4
種抜きデーツ（ざく切り）……1 〜 1 と 1/4 カップ（130 〜 170g）（デーツの柔らかさによって加減する）

マンゴーカスタードクリーム：
マンゴー（ざく切り）……1 と 1/4 カップ
カシューナッツ（浸水）……1 と 1/4 カップ（130g）
ココナッツオイル（固まっていたら溶かす）……120ml
メープルシロップまたは好みの液体甘味料……大さじ 4
レモンの皮のすり下ろし……小さじ 1 と 1/2 　▶代用品：レモンエッセンシャルオイル……1 〜 2 滴

仕上げ：
バニラホイップクリーム　`P51参照`……2 と 1/2 カップ（レシピ 1 回分）
バナナ……6 〜 7 本
マカキャラメルソースとチョコレートガナッシュソース　`P53参照`　【オプション】……適量

1. クラストを作る。フードプロセッサーでドライココナッツを粉末状にし、デーツ以外の全ての残りの材料を加えて、細かくなるまで回す。
2. フードプロセッサーを回しながら、デーツを少しずつ投入していく。最終的には握ると軽くくっつき、簡単に崩れる程度が理想的。生地がくっつかないようであれば、もう少しデーツ、またはココナッツオイルを足して加減する。
3. 軽く油を塗った型にクラストを入れ、ふちを整え、手でしっかりと押さえつけて敷き詰め、冷蔵庫に入れておく。
4. マンゴーカスタードクリームを作る。全ての材料を、ブレンダー（ミキサー）でなめらかになるまで撹拌する。
5. マンゴーカスタードクリーム 1/2 カップ分を残して、クラストの上に流し込み、その上にバナナを丸ごと並べる。バナナとバナナの間からクリームが押し出されるくらいにバナナを押し込む。残しておいた 1/2 カップ分を上から流し、約 30 分〜 1 時間、冷凍庫で固まらせる。
6. マンゴーカスタードクリームの表面が固まったらバニラホイップクリームを乗せ、丸いドーム型に形成する。
7. 好みで、マカキャラメルソースとチョコレートガナッシュソースで飾り、8 時間〜一晩冷蔵庫で完全に冷やし固める。

Sayuri's Raw Vegan Sweets 115

Coconut Merengue Pie
ココナッツメレンゲパイ

とても軽くて豪華な、とっておきのパイです。アイリッシュモスを使う事が、軽い仕上がりのポイントです。

> 材料：23cm のパイ型 1 台分
> 必要器具：ブレンダー（ミキサー）、フードプロセッサー、底が抜ける 23cm のパイ型

クラスト：

マカダミアナッツ……2 カップ（180g）

ドライココナッツロング……1 と 1/4 カップ（75g）

塩……小さじ 1/4

種抜きデーツ（ざく切り）……1/2 カップ（70g）（デーツの柔らかさによって加減する）

レモンクリームフィリング：

浸水したアイリッシュモス ◀P30参照 ……しっかりと詰め込んで 2/3 カップ（120ml）

レモン汁……120ml

カシューナッツ（浸水）……1 と 1/4 カップ（130g）

はちみつまたは好みの液体甘味料……3/4 カップ（150ml）

レモンの皮のすり下ろし……大さじ 1　▶代用品：レモンエッセンシャルオイル……数滴

パンプキンパウダー【色付け用にオプション】……小さじ1　▶代用品：ターメリックパウダー……ひとつまみ

塩……ひとつまみ

レシチン……大さじ 2

ココナッツオイル（固まっていたら溶かす）……155ml

ココナッツメレンゲ：

浸水したアイリッシュモス ◀P30参照 ……しっかりと詰め込んで 1 と 1/4 カップ

ココナッツミルク ◀P23参照。ナッツミルクと同じように作る。 ……2 と 1/2 カップ　▶代用品：好みのナッツミルク

柔らかいココナッツの果肉……2 カップ　▶代用品：浸水したカシューナッツ

はちみつまたは好みの液体甘味料……120ml

バニラエキストラクト……小さじ 2

レモン汁……小さじ 2

塩……ひとつまみ

レシチン……大さじ 2

ココナッツオイル（固まっていたら溶かす）……155ml

1. クラストを作る。フードプロセッサーでドライココナッツを粉末状にし、デーツ以外の全ての残りの材料を加えて、細かくなるまで回す。
2. フードプロセッサーを回しながら、デーツを少しずつ投入していく。最終的には握ると軽くくっつき、簡単に崩れる程度が理想的。生地がくっつかないようであれば、もう少しデーツまたはココナッツオイルを足して加減する。
3. 軽く油を塗った型にクラストを入れ、ふちを整え、手でしっかりと押さえつけて敷き詰め、冷蔵庫に入れておく。
4. レモンクリームフィリングを作る。浸水したアイリッシュモスとレモン汁をブレンダー（ミキサー）で撹拌する。アイリッシュモスが完全に溶け、液体が少し温かくなるまで撹拌する。

116　●Tarts and Pies

5. ボウルに取り出し、ココナッツオイル以外の全ての材料を、ブレンダー（ミキサー）でなめらかになるまで撹拌する。
6. 先に取り出したレモンアイリッシュモスペーストとココナッツオイルを加え、均等になめらかに混ざるまで撹拌する。
7. クラストの上にフィリングを流し込み、固まるまで冷蔵庫で数時間（または冷凍庫で1時間程度）冷やす。
8. ココナッツメレンゲを作る。浸水したアイリッシュモスとココナッツミルク1カップ分をブレンダー（ミキサー）で撹拌する。アイリッシュモスが完全に溶け、液体が少し温かくなるまで撹拌する。
9. ボウルに取り出し、ココナッツオイル以外の全ての材料を、ブレンダー（ミキサー）でなめらかになるまで撹拌する。
10. 先に取り出したアイリッシュモスペーストとココナッツオイルを加え、均等になめらかに混ざるまで撹拌する。
11. 平たい容器に移し、冷蔵庫で数時間、しっかりと固まるまで冷やす（固まりやすいように大きめの平たい容器がオススメ）。
12. しっかりと固まったら、一度軽く泡立て器でなめらかにし、レモンクリームの上に均等に乗せ、スプーン背中やオフセットスパチュラを使って"メレンゲのとんがり"を形成する（スプーンの背を軽くメレンゲに置き、持ち上げると"とんがり"ができる）。表面を全て覆うように同じ作業を繰り返す。
13. 数時間、冷蔵庫で完全に冷やし固める。

Tarts and Pies

Pumpkin Pie
パンプキンパイ

準備にちょっと時間がかかりますが、その価値ありです。昔ながらのおばあちゃんのパンプキンパイのような風味が魅力です！

材料：23cm のパイ型 1 台分
必要器具：ブレンダー（ミキサー）、フードプロセッサー、ディハイドレーター、底が抜ける 23cm のパイ型

ピーカンクラスト：
アーモンド……1 カップ（105g）
ピーカンナッツ……1 と 1/4 カップ（120g）
シナモンパウダー……小さじ 1
塩……小さじ 1/4
種抜きデーツ（ざく切り）……1 ～ 1 と 1/4 カップ（130 ～ 170g）（デーツの柔らかさによって加減する）

パンプキンクリームフィリング：
乾燥させたカボチャ（2～3時間浸水して水に戻す）
下記メモ参照 ……2 カップ分
水……120ml
カシューナッツ（浸水）……2 と 1/2 カップ（130g）
ココナッツオイル（固まっていたら溶かす）……1 と 1/4 カップ
メープルシロップ……120ml
溶かしたカカオバター……80ml（70g）
バニラエキストラクト……小さじ 1
シナモンパウダー……小さじ 1
ナツメグパウダー……小さじ 1/4
塩……小さじ 1/4

仕上げ：
ゴジベリー（くこの実）、カボチャの種……各大さじ 1/2
▶**代用品**：好みの種やドライフルーツ

1. クラストを作る。フードプロセッサーでアーモンドを粉末状にし、デーツ以外の全ての残りの材料を加えて、細かくなるまで回す。
2. フードプロセッサーを回しながら、デーツを少しずつ投入していく。最終的には握ると軽くくっつき、簡単に崩れる程度が理想的。生地がくっつかないようであれば、もう少しデーツまたはココナッツオイルを足して加減する。
3. 軽く油を塗った型にクラストを入れ、ふちを整え、手でしっかりと押さえつけて敷き詰め、冷蔵庫に入れておく。
4. パンプキンクリームフィリングを作る。カボチャと水を、ブレンダー（ミキサー）で完全になめらかになるまで撹拌し、ボウルに移す。生地が濃厚でブレンダーが回りにくい場合は、材料にあるココナッツオイルを適量加えて、ブレンダー（ミキサー）がきちんと回転するよう調節する。
5. 残り全ての材料を、ブレンダー（ミキサー）でなめらかになるまで撹拌する（ココナッツオイルをカボチャのブレンドに使用した場合は、その分量を減らす）。
6. ブレンドしたカボチャのボウルに移し、泡立て器で、均等に混ざるまでよく混ぜる。
7. 平らな容器に移し、30 分～ 1 時間冷蔵庫で冷やす。
8. フィリングの半分の量をクラストの上から流し込み、残りの半分は 2 ～ 3 時間、冷蔵庫で完全に固まるまで冷やす。
9. 星形の口金（または好みの口金）を付けた絞り袋を用意する。しっかり固まったフィリングを絞り袋に入れ、パイの表面に絞り出し、仕上げにゴジベリー（くこの実）とカボチャの種を散らす。
10. 2 ～ 3 時間冷蔵庫で完全に冷やし固める。

メモ
600g のフレッシュのカボチャは、（乾燥具合にもよりますが）、約 2 カップ分の乾燥したカボチャに相当します。前日の下準備として、厚くスライスし一晩ディハイドレーターで乾燥させます。

Banoffee Pie
バノフィーパイ

英国の伝統を、ローで美味しく再現しました！ Banoffee（バノフィー）とは、banana（バナナ）＋ toffee（キャラメルキャンディー）を掛け合わせた造語でイギリスではポピュラーなクリームたっぷりのリッチなスウィーツです。

> 材料：23cm のパイ型 1 台分
> 必要器具：ブレンダー（ミキサー）、フードプロセッサー、底が抜ける 23cm のパイ型

クラスト：
ヘーゼルナッツ……1 カップ（105g）
カシューナッツ……2/3 カップ（65g）
ナッツフラワー（パルプを乾燥、粉末にしたもの）
P24参照 ……1 カップ弱
バニラエキストラクト……小さじ 1
塩……小さじ 1/4
種抜きデーツ（ざく切り）……大さじ 4（43g）
メープルシロップまたは好みの液体甘味料
……大さじ 1 と 1/2
ココナッツオイル（固まっていたら溶かす）
……大さじ 1 と 1/2

キャラメルキャンディークリームフィリング：
種抜きデーツ（ざく切りにし、水大さじ6に30分
浸水）……1 と 1/4 カップ（170g）

ココナッツバター……2/3 カップ（120g）
▶ **代用品**：アーモンドバターまたはタヒニ（白練りごま）
メープルシロップ……大さじ 4
ココナッツオイル（固まっていたら溶かす）……大さじ 4
ルクマパウダー……大さじ 2
バニラエキストラクト……小さじ 2
塩……小さじ 1/2
"メディシンフラワー" のバタースコッチまたはキャラメル
エキストラクト P18参照 【オプション】……10 滴

仕上げ：
バニラホイップクリーム P51参照 ……3 と 3/4 カップ
（レシピの 1.5 倍）
バナナ（縦に半分にスライス）……4 〜 5 本
ダークチョコレート（削る）P135、136参照 ……ひとかけ

1. クラストを作る。フードプロセッサーでヘーゼルナッツとカシューナッツを粉末状にし、ナッツフラワー、バニラエキストラクト、塩を加えて回す。
2. フードプロセッサーを回しながらデーツを加え、さらにメープルシロップとココナッツオイルを加えて、均等になるまで回す。生地がドライでまとまらない場合は液体材料を少し加えて調整する。
3. 軽く油を塗った型にクラストを入れ、ふちを整え、手でしっかりと押さえつけて敷き詰め、冷蔵庫に入れておく。
4. キャラメルキャンディークリームフィリングを作る。デーツ、デーツの浸水液、メープルシロップをブレンダー（ミキサー）に入れ、なめらかになるまで撹拌する。
5. 残り全ての材料を加えてなめらかになるまで撹拌し、クラストの上から流し込む。
6. 縦半分にスライスしたバナナを、カットした面を下に向けてフィリングの上に敷き詰め、約1時間、冷蔵庫で冷やし固める。
7. 丸形の口金（または好みの口金）を付けた絞り袋にバニラホイップクリームを入れ、ケーキの表面に絞り出し、仕上げに削ったチョコレートを散らす。
8. 数時間〜一晩、固まるまで冷蔵庫で冷やす。

Tarts and Pies

Key Lime Coconut Pie

キーライムココナッツパイ

爽やかな酸味の効いた、クリームパイはなんとアボカドでできています！ お友達を驚かせましょう！

> 材料：23cm のパイ型 1 台分
> 必要器具：ブレンダー（ミキサー）、フードプロセッサー、底が抜ける 23cm のパイ型

クラスト：

ドライココナッツロング……1 と 1/4 カップ（75g）

アーモンド……1 と 1/4 カップ（140g）

塩……小さじ 1/4

種抜きデーツ（ざく切り）……1 〜 1 と 1/4 カップ
（130 〜 170g）（デーツの柔らかさによって加減する）

キーライムクリームフィリング：

完熟アボカド（ざく切り）……3 と 3/4 カップ
（アボカド大約 2 個分）

ココナッツオイル（固まっていたら溶かす）
……120ml

はちみつまたは好みの液体甘味料……3/4 カップ

ライム汁……大さじ6

溶かしたカカオバター……大さじ 4（55g）

ライムの皮（表面のみすり下ろす）……大さじ 1
　　▶代用品：ライムエッセンシャルオイル……数滴

バニラエキストラクト……小さじ 2

レシチン……大さじ 1

アイリッシュモスペースト　`P30参照`
……2/3 カップ（120ml）

仕上げ：　`下記メモ参照`

フレッシュの完熟ココナッツ（削る）……2 カップ分
　　▶代用品：ドライココナッツ

ライムのスライス……適量

1. クラストを作る。フードプロセッサーでドライココナッツを粉末状にし、デーツ以外の全ての残りの材料を加えて、細かくなるまで回す。
2. フードプロセッサーを回しながら、デーツを少しずつ投入していく。最終的には握ると軽くくっつき、簡単に崩れる程度が理想的。生地がくっつかないようであれば、もう少しデーツ、またはココナッツオイルを足して加減する。
3. 軽く油を塗った型にクラストを入れ、ふちを整え、手でしっかりと押さえつけて敷き詰め、冷蔵庫に入れておく。
4. キーライムクリームフィリングは、アイリッシュモスペースト以外の全ての材料を、ブレンダー（ミキサー）でなめらかになるまで撹拌する。
5. 最後にアイリッシュモスペーストを加え撹拌する。
6. クラストの上から、フィリングを流し込み、8 時間〜一晩冷蔵庫で完全に冷やし固める。
7. 削ったフレッシュの完熟ココナッツとライムのスライスを飾る。

> `メモ`　仕上げの他のオプションとして、ココナッツメレンゲ　`P116参照`　や、バニラホイップクリーム
> `P51参照`　も良いでしょう。

Sayuri's Raw Vegan Sweets　123

Cookies and Biscuits
クッキー＆ビスケット

たとえディハイドレーターがなくても、クッキーをあきらめないで大丈夫！
出来上がったクッキーを、乾燥させるかわりに冷凍庫で固めれば、いい感
じにしまった、食感の良いクッキーに仕上がりますよ。

Almond Butter Cookies with Apricot Jam Dot
アプリコットジャム＆アーモンドバタークッキー

杏の甘酸っぱい香りとナッツバターのコクが絶妙にマッチした、ちょっとレトロで昔なつかしいサムプリント・ジャム・クッキーです。

‖ 材料：5cm のクッキー 20 個分
‖ 必要器具：フードプロセッサー、ディハイドレーター

アーモンドバタークッキー：
ナッツパルプ（ナッツミルクの搾りかす） <P24参照> ……2 と 1/2 カップ
（ナッツフラワーを使用する場合は水分量を増やして調整する）
デーツペースト <P31参照> ……120ml
ココナッツオイル（固まっていたら溶かす）……120ml
アーモンドバター……120g（大さじ 8）
粉末にしたフラックスシード <粉末の作り方は、P25参照> ……大さじ 4
水……大さじ 4
バニラエキストラクト……小さじ 1
塩……小さじ 1/4

アプリコットジャム：
アプリコットジャム……120ml
（アプリコットジャムはデーツペースト <P31参照> と同様に、デーツの代わりにアプリコットで作る。）

1. アーモンドバタークッキーの、全ての材料をボウルで、均等になるまで手でよく混ぜ合わせる。
2. ゴルフボールサイズ（直径約 3cm）に丸め、上から優しく押さえて直径約 5cm に平たくする。
3. 指で真ん中を押してくぼみを作り、アプリコットジャムをくぼみに乗せる。
4. ディハイドレーター用のメッシュシートに並べ、41 〜 46℃のディハイドレーターで、内側は柔らかく外側は完全に乾くまで、一晩乾燥させる。

Chocolate Biscuits
チョコレートビスケット

自称クッキーモンスターの私が、幼少時代に愛したチョコビスケットのローバージョン！

> 材料：6cm のクッキー 15 個分
> 必要器具：ディハイドレーター、好みのクッキー型【オプション】

ナッツパルプ（ナッツミルクの搾りかす）　P24参照　……1 と 1/4 カップ
（ナッツフラワーを使用する場合は水を少量加えて調整する）
粉末にしたアーモンド　粉末の作り方は、P25参照　……大さじ 4（38g）
デーツペースト　P31参照　……120ml
カカオパウダー……大さじ 8
メープルシロップ……大さじ 2
バニラエキストラクト……小さじ 1
塩……小さじ 1/4
刻んだクルミ……2/3 カップ（70g）

1. クルミ以外の全ての材料をボウルで、均等になるまで手でよく混ぜ合わせる。
2. 0.8cm の厚さに生地をのばす（生地をラップで覆ってのばすと、まな板にくっつかずにのばせる）。
3. 生地の上のラップをはずし、クルミを均等に散らし、再びラップで覆い、クルミを生地に埋め込むように軽くのばす。
4. クッキーの型を使って好みの型に抜く。型がなければ包丁で好みの大きさに切る。
5. ディハイドレーター用のメッシュシートに並べ、41 〜 46℃のディハイドレーターで、一晩または外側が完全に乾くまで、乾燥させる。

Sayuri's Raw Vegan Sweets

Cookies and Biscuits

Marzipan Shortbreads with Chocolate and Salted Caramel Drizzle
マジパン・ショートブレッド
with チョコレート&塩キャラメル

ショートブレッドの繊細なほろほろ食感がたまりません！ チョコレートソースにたっぷりココナッツオイルを使っているので、冷凍庫でキープすることをお勧めします。

> 材料：12～16 個分
> 必要器具：ブレンダー（ミキサー）、フードプロセッサー、
> 底が抜ける約 23cm のタルト型または約 21×21cm の四角い容器

マジパン・ショートブレッド：
アーモンドバター……1 と 1/4 カップ（240g）
メープルシロップまたは好みの液体甘味料……大さじ 4
ココナッツオイル（固まっていたら溶かす）……大さじ 4
アーモンドエキストラクト……小さじ 1/4
または"メディシンフラワー"のアーモンドエキストラクト
▶P18参照【オプション】……数滴
塩……小さじ 1/8
ナッツフラワー（パルプを乾燥、粉末にしたもの）
▶P24参照……1 と 1/4 カップ

チョコレートソース：
ココナッツオイル（固まっていたら溶かす）……120ml
カカオパウダー……大さじ 4
メープルシロップまたは好みの液体甘味料……大さじ 4
塩……小さじ 1/8

塩キャラメルソース：
タヒニ（白練りごま）……大さじ 2
▶代用品：アーモンドバターまたはココナッツバター
ココナッツオイル（固まっていたら溶かす）
……大さじ 2
メープルシロップ……大さじ 2
バニラエキストラクト……小さじ 1/2
"メディシンフラワー"のキャラメルエキストラクト
▶P18参照【オプション】……数滴
塩……小さじ 1/8

トッピング：
好みの刻んだナッツやカカオニブ【オプション】……
大さじ 1～2

1. 軽く油を塗った型に、取り出しやすいようにオーブンペーパーまたはラップを敷く。
2. マジパン・ショートブレッドを作る。フードプロセッサーで、ナッツフラワー以外の全ての材料を均等になめらかになるまで回す。
3. ナッツフラワーを加え、均等になるまで回す。生地がドライでまとまらない場合は液体材料を少し加えて調整する。
4. 型に押し込み平らにし、チョコレートソースを作る間、冷凍庫で冷やす。
5. チョコレートソースを作る。全ての材料をブレンダー（ミキサー）で撹拌し、マジパン・ショートブレッドの上に流し込み、塩キャラメルソースを作る間、冷凍庫で冷やす。
6. 塩キャラメルソースを作る。全ての材料をブレンダー（ミキサー）で撹拌し、スクイーズボトルに入れ、チョコレートソースの上に絞り出す。
7. 仕上げに、好みで刻んだナッツやカカオニブを散らす。
8. 30 分以上冷凍庫で冷やした後、12～16 個にカットしていただく。

Sayuri's Raw Vegan Sweets

Cookies and Biscuits

Macadamia and White Chocolate Drop Cookies
マカダミア＆ホワイトチョコレートドロップクッキー

私が長〜い間病みつきになっていた、コンビニのクッキーをイメージして作りました！

材料：8cmのクッキー10個分
必要器具：ディハイドレーター

ナッツパルプ（ナッツミルクの搾りかす） `P24参照` ……2カップ
（ナッツフラワーを使用する場合は水を少量加えて調整する）
粉末にしたカシューナッツ `粉末の作り方は、P25参照` ……2カップ（約240g）
メープルシロップ……大さじ6
バニラエキストラクト……小さじ1
塩……小さじ1/4
バニラホワイトチョコレートファッジ（大きくカットして冷蔵庫で冷やしておく） `P143参照`
……1と1/4カップ（250g）
マカダミアナッツ（半分にカット）……1と1/4カップ（120g）

1. バニラホワイトチョコレートファッジとマカダミアナッツ以外の、全ての材料をボウルで、均等になるまで手でよく混ぜ合わせる。
2. バニラホワイトチョコレートファッジとマカダミアナッツを加え混ぜる。
3. 直径5cmのボール状に丸め、ディハイドレーター用のノンスティック・シートに乗せ、直径約8cmになるように、優しく押さえて平たくする。
4. 41〜46℃のディハイドレーターで、数時間乾燥させ、メッシュシートに反転し、内側は柔らかく外側は完全に乾くまで、約8時間乾燥を続ける。

Chocolate-Covered Vanilla Cookies

チョコレートカバード・バニラクッキー

私の、"とにかくなんでもチョコをかけたくなる病"がもたらした結果です。

> **材料：4 × 10cm のクッキー15 個分**
> **必要器具：ディハイドレーター**

粉末にしたカシューナッツ ◀ **粉末の作り方は、P25参照** ……3 カップ（約 400g）

ナッツフラワー（パルプを乾燥、粉末にしたもの） ◀ **P24参照** ……2 と 1/4 カップ
（ナッツパルプを使用する場合は水分量を減らして調整する）

メープルシロップ……3/4 カップ

シナモンパウダー……小さじ 1 と 1/2

バニラエキストラクト……小さじ 1

塩……小さじ 1/2

水……大さじ 4

お好みのナッツ（刻む）……2/3 カップ

コーティング：

溶かしたダークチョコレート ◀ **P135、136参照** ……1 と 1/2 カップ（288g）

1. 刻んだお好みのナッツ以外の材料を全てボウルに入れ、均等になるまで手でよく混ぜ合わせる。
2. 1 の生地を 0.6 cm の厚さに伸ばす。この時、生地全体をラップで覆って伸ばすと、まな板にくっつかない。
3. 生地の上のラップを外し、刻んだナッツを均等に散らし、再びラップで覆い、刻んだナッツを生地に埋め込むようにして軽く伸ばす。
4. 3 を 4x10cm の長方形、又はお好みの形にカットする。
5. 4 をディハイドレーター用のメッシュ・シートに並べ、41℃〜 46℃のディハイドレーターで、1 晩、又は完全に乾くまで、乾燥させる。
6. 5 の乾燥させたクッキーを、溶かしたチョコレートに 1 つずつ浸し、フォークを使ってチョコレートからすくい上げ、しばらくチョコレートのしずくを切り、ノンスティック・シートやラップの上にのせ、冷蔵庫に入れて固める。

Sayuri's Raw Vegan Sweets   133

Raw Chocolates
ローチョコレート

ローチョコレートは、心を開くマジカルフード。罪悪感なく楽しめて、栄養満点！

Dark, Milk, and White Chocolate
ダーク&ミルク&ホワイトチョコレート

あなたに幸せとエキサイトメントと至福もたらします。チョコレートは本が1冊書けるくらい、ショコラティエという職種があるくらい、奥が深〜い分野です。ここでは、おうちで作りやすい方法のいくつかをご紹介します。

Easy Dark Chocolate
簡単ダークチョコレート

テンパリングなしの、子供もチョコ初心者でも簡単に作れるチョコレートです。テンパリングなしでもご家庭で充分美味しくいただけます。

> 材料：2と1/2カップ分
> 必要器具：好みのチョコレート型またはアイスキューブのトレー

カカオバター……250g
カカオパウダー……170g
液体甘味料……約80g
塩……小さじ1/8

1. 刻んだカカオバターをボウルに入れ、湯煎で溶かす。
2. ふるったカカオパウダーを加え、完全に混ざるまで混ぜる。
3. 残り全ての材料を加えよく混ぜ合わせる（寒い季節、または甘味料が冷蔵庫から出したばかりで冷たい場合は、カカオバターの結晶化を防ぐため、常温に戻してから使う）。
4. チョコレート型に流し込み、冷蔵庫で冷やし固める。

Sayuri's Raw Vegan Sweets

Standard Dark Chocolate

本格ダークチョコレート

簡単ダークチョコレートに慣れたら、今度はテンパリングに挑戦してみましょう！ ◀ 下記メモ参照 いろいろ作り方はありますが、粉末甘味料を、さらに細かい粒子にするために、ここではハイパワーブレンダーを使う方法をご紹介します。

材料：2と1/2カップ分
必要道具：ハイパワーブレンダー、チョコレート型、温度計

細かく刻んだカカオバター……250g
粉末状にした甘味料……約100g
塩……小さじ1/8
カカオパウダー……170g

1. カカオバター、甘味料、塩、の順にハイパワーブレンダーに入れる（冬の寒い時期など、カカオバターがとても固い場合は、ほんの少し（30%程）湯煎で溶かしてからブレンダーに入れる）。

2. 高速で、タンパーを使ってコンテナの周りについたバターを下に沈めながら、均等に撹拌する。ある程度柔らかくなったら一度止めて、ゴムベラできれいに側面をすくいとり、再度、高速で回す。液体状になり始めたところですぐにカカオパウダーを入れ、均等になるように回す。ブレンダーを回すことで、テンパリングの第1温度、42℃までもっていき、この段階でまず温度をチェックする。もしこの段階で、35℃くらいであれば、10秒くらいずつ回して、温度を確認する作業を繰り返し、42℃まで上げる（一般的なチョコレートの溶解温度は45〜50℃だが、ローの場合は、42〜46℃の範囲にとどめておく）。

3. 次に、チョコレートの温度を31℃に落とす。別の大きめのボウルに移して常にかき混ぜることで温度を下げるか、ステンレスまたはマーブルの台があればそこにチョコレートを広げることで温度を下げる。気温が高ければ、ボウルに冷たい水を当てて冷ましても良いが、温度が下がりすぎないよう注意する。

4. チョコレートの温度が31℃になったら、チョコレート型に流し、冷蔵庫で20〜30分ほど、または、ある程度涼しい気温やエアコンきいた室内であれば常温で、完全に固まるまで置く。

5. テンパリングがうまくいくとチョコレートはやや縮むので、型から取り出しやすくなる。

メモ 上記は温度の上げ下げの少ない、一番シンプルな行程です。一般的には、最初に溶かして温度を上げた後、27〜29℃まで下げ、再び湯せんにかけて約31℃まで温度を上げてテンパリングします。どちらの方法でもよいですが、この場合、チョコレートの温度を下げた後温める際、上げる温度は2度だけなので、温度が上がりすぎないよう充分注意しましょう。もし33℃以上に上がってしまったら、せっかく整ったバターの結晶がバラバラになってしまうので、上記の作業をやり直します。

Milk Chocolate
ミルクチョコレート

[[材料：2 と 1/2 カップ分
必要器具：ハイパワーブレンダー、チョコレート型、温度計]]

細かく刻んだカカオバター……250g
カシューナッツ……60g
粉末状にした甘味料……約 100g
塩……小さじ 1/8
カカオパウダー……100g
ルクマパウダー……大さじ 2

1. カカオバター、カシューナッツ、甘味料、塩、の順にハイパワーブレンダーに入れる（冬の寒い時期など、カカオバターがとても固い場合は、ほんの少し（30% ほど）湯煎で溶かしてからブレンダーに入れる）。
2. 左頁の本格ダークチョコレートの行程と同様に進める（カカオパウダーを入れるところで、ルクマパウダーも加える）。

White Chocolate
ホワイトチョコレート

[[材料：2 と 1/2 カップ分
必要器具：ハイパワーブレンダー、チョコレート型、温度計]]

細かく刻んだカカオバター……250g
カシューナッツ……100g
粉末状にした甘味料……約 100g
塩……小さじ 1/8
ルクマパウダー……大さじ 5

1. カカオバター、カシューナッツ、甘味料、塩、の順にハイパワーブレンダーに入れる（冬の寒い時期など、カカオバターがとても固い場合は、ほんの少し（30% 程）湯煎で溶かしてからブレンダーに入れる）。
2. 左頁の本格ダークチョコレートの行程と同様に進める（カカオパウダーを入れるところで、ルクマパウダーを加える）。

Sayuri's Raw Vegan Sweets

> **メモ** **テンパリング**
>
> カカオバターは、種類の違う結晶型（つまり並び方の異なる分子）をもつため、温度調整によって、その結晶を整えることで、光沢のある、なめらかな口あたりのチョコレートが作れます。この温度調整の行程をテンパリングと言います。
>
> バターの結晶をうまく安定させるため、粉状の甘味料の使用をお勧めします。また、水がボウルの中に入らないよう、十分注意します。テンパリングには、空気中の水分、つまり、部屋の湿度にも注意しましょう。湿気が多い場合は、エアコンをつけて空気を乾燥することでテンパリングがうまくいきます。
>
> 顆粒状の甘味料（ココナッツシュガーやてん菜糖など）は、ブレンダーやミルミキサーできめの細かい粉末状にしてから使用しましょう。

> **メモ** **カカオ豆**
>
> 生のカカオは、美容、健康に注目されるだけでなく、高揚感と媚薬効果をもたらし、体や心、神経を緩めてリラックス感をももたらす、幸せ度アップの、ハートと脳にポジティブに作用するミラクルフードと言われています。

応用 **チョコレートのカラーリング**

ホワイトチョコレートに以下を加えて色づけします。
- **緑**……… スピルリナ、抹茶、モリンガパウダー、大麦若葉など
- **ピンク**…… ビートパウダー、ラズベリーパウダー、ストロベリーパウダーなど
- **黄**……… ターメリックパウダー（ウコン）、パンプキンパウダーなど
- **ブラウン**… カカオパウダーなど
- **紫**……… 紫いもパウダー、ブルーベリーパウダー、アサイーパウダー、マキベリーパウダーなど

Sayuri's Raw Vegan Sweets

Almond Truffle
アーモンドトリュフ

リッチ&クリーミーなアーモンドクリームは、あなたのお口の中でとろけます。

[[材料：2.5cm のトリュフ 12 個分
必要器具：ブレンダー（ミキサー）]]

アーモンドバター……3/4 カップ（155g）
メープルシロップまたは好みの液体甘味料……120ml
溶かしたカカオバター……大さじ8（110g）
バニラエキストラクト……小さじ 1/2
塩……小さじ 1/4

水……大さじ 5
カカオパウダー……大さじ 6

仕上げ：
カカオパウダー……適量

1. カカオパウダー以外の全ての材料を、ブレンダー（ミキサー）でなめらかになるまで撹拌する。
2. カカオパウダーを加え、均等に混ざり合うまで撹拌する（混ぜすぎると分離し出すので注意する。ボウルで混ぜることも可能）。
3. 容器に移し、2〜3 時間、冷蔵庫で冷やし固める。
4. 2.5cm のボール状に丸め、表面が溶け出していれば再び冷蔵庫でしばらく固める。
5. 仕上げにカカオパウダーをまぶす。

Arabian Orange Tahini Truffle
アラビア風オレンジタヒニトリュフ

私のような筋金入りのタヒニ好きには欠かせないおやつ。タヒニ＋はちみつ＋オレンジの組み合わせは、間違いなしです！

[[材料：2.5cm のトリュフ 12 個分
必要器具：ブレンダー（ミキサー）]]

タヒニ（白練りごま）……3/4 カップ（155g）
溶かしたカカオバター……大さじ8（110g）
はちみつまたは好みの液体甘味料……1/2 カップ
オレンジの皮のすり下ろし……大さじ 1
　▶代用品：オレンジエッセンシャルオイル……数適
バニラエキストラクト……小さじ 1

塩……小さじ 1/4
水……大さじ 5
ルクマパウダー……大さじ 4

仕上げ：
ルクマパウダー……適量

1. ルクマパウダー以外の全ての材料を、ブレンダー（ミキサー）でなめらかになるまで撹拌する。
2. ルクマパウダーを加え、均等に混ざり合うまで撹拌する。
3. 容器に移し、2〜3 時間、冷蔵庫で冷やし固める。
4. 2.5cm のボール状に丸め、表面が溶け出していれば、再び冷蔵庫でしばらく固める。
5. 仕上げにルクマパウダーをまぶす。

142 • Raw Chocolates

Hazelnut Fudge
ヘーゼルナッツファッジ

いい感じに効いた塩気がポイントです！

> 材料：2.5 × 2.5cm のファッジ 25 個分
> 必要器具：フードプロセッサー、12.5 × 12.5cm の容器

ヘーゼルナッツ……1 カップ（105g）
マカダミアナッツ……1 カップ（90g）
粉末ココナッツシュガー（ブレンダーまたはミルミキサーで粉末状にする）……大さじ 8
バニラエキストラクト……小さじ 1
ヘーゼルナッツエキストラクト【オプション】……小さじ 1/2
塩……小さじ 1/4 + 1/8
溶かしたダークチョコレート　P135、136参照　……大さじ 8（120g）

1. 容器に軽く油を塗り、オーブンペーパーやラップを敷いて準備する。
2. 溶かしたダークチョコレート以外の全ての材料を、フードプロセッサーでなめらかになるまで回す。
3. 溶かしたダークチョコレートを加えて、均等に混ざるまで回す。
4. 容器に移し、平らにし、2～3 時間、冷蔵庫で完全に冷やし固める。
5. 容器から取り出し、2.5 × 2.5cm の正方形にカットする。

Vanilla White Chocolate Fudge
バニラホワイトチョコレートファッジ

リッチでクリーミーな、スペシャルファッジ！

> 材料：2.5 × 2.5cm のファッジ 25 個分
> 必要器具：フードプロセッサー、12.5 × 12.5cm の容器

マカダミアナッツ……2 カップ（180g）
粉末ココナッツシュガー（ブレンダーまたはミルミキサーで粉末状にする）……大さじ 10
バニラエキストラクト……小さじ 2
塩……小さじ 1/4
溶かしたカカオバター……大さじ 8（110g）

1. 容器に軽く油を塗り、オーブンペーパーやラップを敷いて準備する。
2. 溶かしたカカオバター以外の全ての材料を、フードプロセッサーでなめらかになるまで回す。
3. 溶かしたカカオバターを加えて、均等に混ざるまで回す。
4. 容器に移し、平らにし、2～3 時間、冷蔵庫で完全に冷やし固める。
5. 容器から取り出し、2.5 × 2.5cm の正方形にカットする。

Sayuri's Raw Vegan Sweets

Trico-Color Kisses
トリコカラーキッス
〜ラベンダーホワイト / ミントグリーン / ローズピンクの 3 色トリュフ〜

"Can't Take My Eyes off You" の歌を、この可愛いキッス達に捧げます。You're just too good to be true（君はあまりにステキで夢のよう）Can't take my eyes off you（君から目を離すことができないよ）

> 材料：3.5cm のキッス各種 15 個分
> 必要器具：ブレンダー（ミキサー）

ラベンダーホワイトキス：

カシューナッツ（浸水）……1 と 3/4 カップ（175g）
溶かした後少し冷ましたカカオバター……大さじ 6（85g）
はちみつまたは好みの液体甘味料……120ml
バニラエキストラクト……小さじ 2
塩……小さじ 1/4
ドライラベンダー……小さじ 1

ミントグリーンキス：

ラベンダーホワイトキスと同様の材料を使用して、ドライラベンダーの代わりに以下を使う。
スピルリナまたは大麦若葉パウダー……小さじ 1/2
ペパーミントエキストラクト……小さじ 1/2
▶代用品 ペパーミントエッセンシャルオイル……数滴、またはペパーミントの葉……1/4 カップ分

ローズピンクキス：

ラベンダーホワイトキスと同様の材料を使用して、ドライラベンダーの代わりに以下を使う。
ドライローズ……6 個
ビートジュース……小さじ 1 〜 2
▶代用品：イチゴパウダー……小さじ 2

コーティング：

溶かしたダークチョコレート 〈P135、136 参照〉
……各種類ごとに大さじ 8（120g）

1. 全ての材料を、ブレンダー（ミキサー）でなめらかになるまで撹拌する。
2. 容器に移し、2 〜 3 時間、冷蔵庫で完全に固まるまで冷やし固める。
3. 3cm のボール状に丸め、表面が溶け出していれば、再び冷蔵庫または冷凍庫でしばらく固める。
4. チョコレートでコーティングするには、オーブン用ペーパーやラップ、フォーク、溶かしたチョコレートを用意する。
5. 溶かしたチョコレートに 1 個ずつ浸し、フォークを使ってチョコレートからすくいあげ、しばらくチョコレートのしずくを切り、オーブン用ペーパーやラップの上に並べ、冷蔵庫で固める。
6. 作業中にチョコレートが固まってきたら、再び湯煎かディハイドレーターで溶かす。

Sayuri's Raw Vegan Sweets

Snickers Bar
スニッカーズバー

"パーフェクトなキャラメル" 風味を探し求めてはや数年。試行錯誤を繰り返し、「デーツ＋ココナッツ＋メープルシロップ＋ルクマ＝かなりおいしいキャラメル風味」という方程式ができました！

```
材料：10 個分
必要器具：フードプロセッサー、10 × 20cm の容器
```

バニラケーキ：

粉末にしたアーモンド ◀粉末の作り方は、P25参照
……2 と 1/4 カップ（265g）
種抜きデーツ（細かく刻む）……大さじ 2
バニラエキストラクト……小さじ 1
塩……ひとつまみ
ココナッツオイル（固まっていたら溶かす）……大さじ 4

キャラメル：

種抜きデーツ（刻んで、ギリギリ浸るくらいの水で 30
分浸水）……1 と 1/4 カップ（170g）
ココナッツオイル（固まっていたら溶かす）……大さじ 4
メープルシロップ……大さじ 3

アーモンドバター……大さじ 2　▶代用品：ココ
ナッツバター、またはタヒニ（白練りごま）
ルクマパウダー……大さじ 2
バニラエキストラクト……小さじ 1
"メディシンフラワー" のキャラメルエキストラクト
◀P18参照　【オプション】……8 滴
塩……小さじ 1/2
好みのナッツ（刻む）……3/4 カップ

コーティング：

溶かしたダークチョコレート ◀P135、136参照
……1 と 1/4 カップ（240g）

1. 容器に軽く油を塗り、オーブンペーパーやラップを敷いて準備する（オーブンペーパーやラップの両端が容器からはみ出るようにすることで、後からフィリングが取り出しやすくなる）。
2. バニラケーキは、ココナッツオイル以外の全ての材料を、フードプロセッサーで回す。
3. ココナッツオイルを加えてで均等に混ざるまで回す。生地は握ると軽くくっつき、簡単に崩れる程度が理想的。生地がくっつかないようであれば、もう少しココナッツオイルを足して加減する。
4. 容器に移し、しっかりと押し込み平らにする。キャラメルを作る間、冷凍庫に入れておく。
5. キャラメルは、刻んだナッツ以外の全ての材料を、ブレンダー（ミキサー）またはフードプロセッサーでなめらかになるまで撹拌し、ボウルに取り出して、ナッツを加え混ぜる。
6. バニラケーキの上にキャラメルを流し込み、平らにする。2 〜 3 時間、冷凍庫で冷やし固める。
7. 容器からとり出し、2cm 幅にスライスし、冷凍庫に戻す。
8. チョコレートでコーティングするには、オーブン用ペーパーやラップ、フォーク、溶かしたチョコレートを用意する。
9. 溶かしたチョコレートに 1 本ずつ浸し、フォークを使ってチョコレートからすくいあげ、しばらくチョコレートのしずくを切り、オーブン用ペーパーやラップの上に並べ、冷蔵庫で固める。
10. 作業中にチョコレートが固まってきたら、再び湯煎かディハイドレーターで溶かす。

Sayuri's Raw Vegan Sweets　147

Superfood Bliss Balls and Candies

スーパーフードブリスボール＆キャンディー

ブリスボールとは、美味しさと栄養、エネルギーがいっぱい詰まった小さなお団子。フリースタイルで、好みの素材やフレーバーを組み合わせれば、バリエーションは無限です。愛とエネルギーをたくさん詰め込んで、みんなとシェアしましょう！

Chocolate Bliss Ball
チョコレートブリスボール

日本人の心にも通じる、"シンプル・イズ・ベスト"を、スウィーツで表現するとこうなります。

[材料：3.5cm のボール 15 個分
  必要器具：フードプロセッサー]

クルミまたはピーカンナッツ……2 と 1/2 カップ（240g）
カカオパウダー……大さじ 4
種抜きデーツ（ざく切り）1 と 1/4 カップ（170g）（デーツの柔らかさによって加減する）
バニラエキストラクト……小さじ 1
塩……小さじ 1/4

コーティング：
カカオパウダー……適量

1. フードプロセッサーでデーツ以外の全ての材料を細かくなるまで回す。
2. フードプロセッサーを回しながら、デーツを少しずつ投入していく。最終的には握ると軽くくっつき、簡単に崩れる程度が理想的。生地がくっつかないようであれば、もう少しデーツを足して加減する。
3. 小さなボール状に丸め、仕上げにカカオパウダーをまぶす。

Apricot Chai Goji Ball
アプリコットチャイボール

ココナッツ、レーズン、カシューナッツ、シナモン、カルダモンは、スウィーツをインド風味にするキーエレメント！

[材料：3.5cm のボール 20 個分
  必要器具：フードプロセッサー]

カシューナッツ……1 と 1/4 カップ（130g）
ドライココナッツロング……1 と 1/4 カップ（75g）
ヒマワリの種……1/2 カップ（70g）
シナモンパウダー……小さじ 2
カルダモンパウダー……小さじ 1/2
塩……小さじ 1/4

種抜きデーツ（ざく切り）……1 と 1/4 カップ（170g）
（デーツの柔らかさによって加減する）
ドライアプリコット（ざく切り）……1 と 1/4 カップ（150g）
ゴジベリー（くこの実）……大さじ 2
カカオニブ……大さじ 2

1. フードプロセッサーで、上から6つの材料を荒めに砕く。
2. フードプロセッサーを回しながら、デーツとドライアプリコットを少しずつ投入していく。最終的には握ると軽くくっつき、簡単に崩れる程度が理想的。生地がくっつかないようであれば、もう少しデーツかドライアプリコットを足して加減する。
3. ボウルに移し、残りの材料全てを加えて混ぜ合わせ、小さなボール状に丸める。

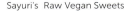

Sayuri's Raw Vegan Sweets

Maca Caramel Candy
マカキャラメルキャンディー

ヤーコン＋ルクマ＋マカダミア＝スーパーデリシャスキャラメルフレーバー！

> 材料：3.5cm のボール 15 個分
> 必要器具：フードプロセッサー

マカダミアナッツ……2 と 1/2 カップ（240g）
マカパウダー……大さじ 2
ルクマパウダー……大さじ 1
バニラエキストラクト……小さじ 1
"メディシンフラワー"のキャラメルエキストラクト　P18参照　【オプション】……5滴
塩……小さじ 1/2
ヤーコンシロップ……大さじ 4　▶代用品：モラセスまたはメープルシロップや玄米水飴

コーティング：
カカオニブ……適量

1. フードプロセッサーでヤーコンシロップ以外の全ての材料をピューレ状になるまで回す。　下記メモ参照
2. ヤーコンシロップを加え、均等に混ざり合うまで回す。
3. 丸めるには柔らかすぎるようであれば、容器に移し、2～3 時間、冷蔵庫で冷やし固める。
4. 小さなボール状に丸め、仕上げにカカオニブをまぶす。

メモ　マカダミアナッツとブラジルナッツは油分が多く柔らかいので、アーモンド、カシューナッツ、ドライココナッツに比べると、プロセッサーで容易に"バター"状になります。このレシピのようにキャンディー風のなめらかな仕上がりがほしい時は、"バター"状になるまでよく回します。その他のブリスボールで、ザクザク感を出したいときは、回しすぎず、荒く砕きます。

応用　**チョコかけマカキャラメルキャンディー**
カカオニブの代わりに、チョコレートでコーティングします！溶かしたダークチョコレート大さじ 8（120g）を用意します。　P135、136参照　溶かしたチョコレートに 1 個ずつ浸し、フォークを使ってチョコレートからすくいあげ、しばらくチョコレートのしずくを切ってから、オーブン用ペーパーやラップの上に並べ、冷蔵庫で冷やし固めます。

Brazilian Coffee Candy

ブラジリアン・コーヒーキャンディー

ブラジルナッツはセレンが豊富で、抗酸化作用に優れたナッツ。リッチで甘いブラジルナッツは、コーヒー風味とパーフェクトにマッチします。

> 材料：3.5cm のボール 15 個分
> 必要器具：フードプロセッサー

ブラジルナッツ……2 と 1/2 カップ（260g）
カカオパウダー……大さじ 3
バニラエキストラクト……小さじ 1/2
コーヒーエキストラクト……小さじ 1
　▶代用品：“メディシンフラワー”のコーヒーエキストラクト　P18参照　……5 滴
塩……小さじ 1/2
種抜きデーツ（細かく刻む）……1 と 1/4 カップ（170g）（デーツの柔らかさによって加減する）

コーティング：
カカオパウダー……適量

1. フードプロセッサーでデーツ以外の全ての材料をピューレ状になるまで回す。　左頁メモ参照
2. デーツを加え、均等に混ざり合うまで回す。
3. 丸めるには柔らかすぎるようであれば、容器に移し、2 〜 3 時間、冷蔵庫で冷やし固める。
4. 小さなボール状に丸め、仕上げにカカオパウダーをまぶす。

メモ　**チョコレートかけブラジリアン・コーヒーキャンディー**
カカオパウダーの代わりに、チョコレートでコーティングします！　手順は左頁応用参照

Sayuri's Raw Vegan Sweets　151

Superfood Bliss Balls and Candies

Halva
ハルヴァ

モロッコで食べたあの甘すぎるハルヴァを、食べやすくアレンジしました。ローズ、シナモン、カルダモンなど……フレーバーを変えて、いろいろなバージョンができますよ。

[材料：3 × 3cm キューブ 16 個分
必要器具：フードプロセッサー、12 × 12cm の容器]

白ゴマ……2 と 1/2 カップ（240g）
粉末デーツシュガーまたはココナッツシュガー（ブレンダーで粉状にする）……大さじ 8
オレンジの皮のすり下ろし……大さじ 1　▶代用品：オレンジエッセンシャルオイル……数滴
塩……小さじ 1/4
溶かしたカカオバター……大さじ 4（55g）
ピスタチオ（粗く刻む）……大さじ 4

1. 容器に軽く油を塗り、オーブンペーパーやラップを敷いて準備する。
2. 溶かしたカカオバターとピスタチオ以外の全ての材料を、フードプロセッサーで回し、ゴマがペースト状になる手前までになめらかにする。　下記メモ参照
3. 溶かしたカカオバターを加えて均等になるまで回す。
4. ボウルに移して、刻んだピスタチオを加え混ぜる。
5. 容器に移し、平らにし、2 〜 3 時間、冷蔵庫で完全に冷やし固める。
6. 容器から取り出し、3 × 3cm の正方形にカットする。

MEMO
フードプロセッサーのパワーが弱い場合は、ブレンダー（ミキサー）やミルミキサーを使ってゴマを回した後に、フードプロセッサーに移します。

メモ　　チョコかけ・ハルヴァ
チョコレートでコーティングする。　手順はP150応用参照

Chocolate-Covered Cherry Cake Pops

チョコレートカバード・チェリーケーキポップ

お子さんが近くにいる場合は要注意！ まばたきしているうちに消えてしまうことがあります。

> **材料：12 個分**
> **必要器具：フードプロセッサー、ロリポップスティック（または竹串）12 本、**
> **発泡スチロールまたは生け花用オアシス【オプション】**

マカダミアナッツ……1 と 1/4 カップ（120g）

カシューナッツ……1 と 1/4 カップ（130g）

カカオパウダー……大さじ 6

バニラエキストラクト……小さじ 1

塩……小さじ 1/4

種抜きデーツ（ざく切り）……2/3 カップ（85g）（デーツの柔らかさによって加減する）

ドライチェリー……2/3 カップ（75g）

> ▶ **代用品**：レーズンで代用し、あればチェリーエキストラクト少々を加える

コーティング：

溶かしたダークチョコレート ◀ **P135、136参照** ……1 と 1/4 カップ（240g）

トッピング：

好みのスーパーフード（アサイーパウダー、ビーポレン（蜂花粉）、クランチースピルリナ、カカオニブなど）

1. フードプロセッサーで、デーツとチェリー以外の全ての材料を荒めに砕く。（マカダミアナッツは、回しすぎるとバター状になりやすいので注意！）
2. デーツとチェリーを加えて均等に混ざり合うまで回す。最終的には握ると軽くくっつき、簡単に崩れる程度が理想的。生地がくっつかないようであれば、もう少しデーツかチェリーを足して加減する。
3. 小さなボール状に丸める。
4. ロリポップスティックの先端を溶かしたチョコレートに浸し、ボールの真ん中に差し込みしっかりと握り、30分以上冷凍庫で冷やし固めて固定する（この作業で、スティックに刺したボールが、チョコレートに浸すときにバラバラになるのを防ぐ）。
5. 溶かしたチョコレートに1個ずつ浸し、優しくチョコレートからすくいあげ、しばらくチョコレートのしずくを切る。
6. 発泡スチロールまたは生け花用オアシスに刺して固定し、好みのスーパーフードで飾り、冷蔵庫で冷やし固める。

> **メモ** 作業中にチョコレートが固まってきたら、再び湯煎かディハイドレーターで溶かしましょう。

Sayuri's Raw Vegan Sweets

Ice Cream
アイスクリーム

正直美味しすぎて、私がよくやってしまうように、凍る前に平らげてしまうかもしれないですよ。でも大丈夫！ そしたら、"プディング" と呼び名をかえればよいのですから。クランチートッピング（右頁参照）や、砕いたクッキーや、スウィートクラッカー等で、アイスクリームをより美味しく楽しみましょう！

Crunchy Topping for Ice Cream
アイスクリーム用クランチートッピング

[材料：食べたい分いくらでも
必要器具：フードプロセッサー【オプション】]

カカオニブ、好みのナッツや種、好みのドライフルーツなど

1. フードプロセッサーで、全ての材料を、荒く回し砕く（フードプロセッサーを使わずに、包丁で荒く刻んでもOK）。

Vanilla Ice Cream
バニラアイスクリーム

私の一番のお気に入りアイスクリームフレーバー。やっぱりシンプルが一番！

[材料：4と1/2カップ分
必要器具：ブレンダー（ミキサー）]

カシューナッツ（浸水）……2カップ（200g）
好みのナッツミルク P23参照 ……1と1/2カップ
はちみつまたは好みの液体甘味料……120cm
バニラエキストラクト……小さじ2
バニラビーンズ（縦半分に割り、種のみ使用）【オプション】……1/2本分
塩……小さじ1/8
レシチン……大さじ1
ココナッツオイル（固まっていたら溶かす）……大さじ2

1. 全ての材料を、ブレンダー（ミキサー）でなめらかになるまで撹拌する。
2. アイスクリームメーカーに流し込み、その使用方法に従う。アイスクリームメーカーがない場合は、容器に入れて冷凍庫で冷やし、完全に凍る前に数回かき混ぜて空気を含ませる。

応用 ラベンダーアイスクリーム
ドライラベンダー小さじ2を加えて撹拌する。

Sayuri's Raw Vegan Sweets 157

Caramel Ice Cream Cone
キャラメルアイスクリームコーンカップ

キャラメル風味のコーンカップでアイスクリームライフをもっと楽しくエキサイティングに！

> 材料：8個分
> 必要器具：ブレンダー（ミキサー）、ディハイドレーター

カシューナッツ（浸水）……大さじ5（40g）
メープルシロップ……大さじ2
ルクマパウダー……大さじ2
バニラエキストラクト……小さじ1
"メディシンフラワー"のキャラメルエキストラクト
`P18参照` 【オプション】……数滴

塩……ひとつまみ
水……125ml
粉末にしたフラックスシード
`粉末の作り方は、P25参照` ……大さじ1

Ice Cream

1. フラックスシード以外の全ての材料をブレンダー（ミキサー）でなめらかになるまで撹拌する。
2. フラックスシードを加えて均等に混ざるまで撹拌する。
3. ディハイドレーターのノンスティック・シート1枚につき、生地を4個分、丸く流す。オフセットスパチュラで直径約13cmの円状にのばす。
4. 41〜46℃のディハイドレーターで、約8時間乾燥させ、表面が完全に乾燥したら、反転する（反対側がまだ濡れている場合は、柔軟性を残して乾くまで、乾燥を続ける）。
5. 両面が乾いたら、それぞれを半分にカットする。
6. カットしたラインの真ん中が、コーンの先のとんがりとなるように、三角錐状に巻き、爪楊枝で刺して端を固定する。
7. コーンの先のとんがりを上にして、メッシュシートに乗せ、完全に乾くまで乾燥させる。

Sayuri's Raw Vegan Sweets　159

Rum Raisin Ice Cream
ラムレーズンアイスクリーム

私のもうひとつのお気に入りフレーバー！

> 材料：4と1/2カップ分
> 必要器具：ブレンダー（ミキサー）

カシューナッツ（浸水）……2カップ（200g）
好みのナッツミルク ▶P23参照
……1と1/2カップ
はちみつまたは好みの液体甘味料
……大さじ6（80ml）
バニラエキストラクト……小さじ1
ラム酒……小さじ1 ▶代用品："メディシンフラワー"の
ラムエキストラクト ▶P18参照 ……2〜3滴
塩……小さじ1/8
レシチン……大さじ1
ココナッツオイル（固まっていたら溶かす）……大さじ2
レーズン……大さじ6（55g）

1. レーズン以外の全ての材料を、ブレンダー（ミキサー）でなめらかになるまで撹拌する。
2. レーズンを加えて、数秒間のみ撹拌する。
3. アイスクリームメーカーに流し込み、その使用方法に従う。アイスクリームメーカーがない場合は、容器に入れて冷凍庫で冷やし、完全に凍る前に数回かき混ぜて空気を含ませる。

> **応用**
>
> **抹茶アイスクリーム**
> ラム酒を省き、抹茶大さじ2と好みの液体甘味料大さじ2を加えて撹拌する。
>
> **抹茶アイスクリームティラミス**
> ▶P67応用を参照

Avocado Coconut Ice Cream
アボカドココナッツアイスクリーム

なめらかでクリーミーだけどとっても軽い仕上がり、夏のトロピカルフレーバー！ 上に色々な南国フルーツを乗せても素敵です！

> 材料：5 カップ分
> 必要器具：ブレンダー（ミキサー）

好みのナッツミルク **P23参照** ……2 と 1/2 カップ
アボカド（ざく切り）……2 と 1/2 カップ（アボカド約 1 と 1/2 個〜 2 個分）
はちみつまたは好みの液体甘味料……120ml
レモン汁……小さじ 2
バニラエキストラクト……小さじ 1
塩……ひとつまみ
レシチン……大さじ 1
ココナッツオイル（固まっていたら溶かす）……大さじ 4
種抜きデーツ（ざく切り）……大さじ 4（45g）

1. デーツ以外の全ての材料を、ブレンダー（ミキサー）でなめらかになるまで撹拌する。
2. デーツを加えて、数秒間のみ撹拌する。
3. アイスクリームメーカーに流し込み、その使用方法に従う。アイスクリームメーカーがない場合は、容器に入れて冷凍庫で冷やし、完全に凍る前に数回かき混ぜて空気を含ませる。

Moringa Mint Chocolate Chip Ice Cream
モリンガミントチョコレートチップアイスクリーム

モリンガのこの小さな葉は、驚異的な栄養と癒しの可能性を秘めています。ミントとチョコチップとの組み合わせは、永遠のヒット！

材料：4 1/2 カップ分
必要器具：ブレンダー（ミキサー）

カシューナッツ（浸水）……2 カップ（200g）
好みのナッツミルク　`P23参照`　……1 と 1/2 カップ
はちみつまたは好みの液体甘味料……120ml
ミントエキストラクト……小さじ 1/2 〜 1
　▶代用品：ミントエッセンシャルオイル……数適、またはペパーミントの葉……1/2 カップ
モリンガパウダー　`下記メモ参照`　……小さじ 2
バニラエキストラクト……小さじ 1
塩……小さじ 1/8
レシチン……大さじ 1
ココナッツオイル（固まっていたら溶かす）……大さじ 2
荒く刻んだダークチョコレート　`P135、136参照`　……2/3 カップ（120g）

1. ダークチョコレート以外の全ての材料を、ブレンダー（ミキサー）でなめらかになるまで撹拌する。
2. アイスクリームメーカーに流し込み、その使用方法に従う。アイスクリームメーカーがない場合は、容器に入れて冷凍庫で冷やし、完全に凍る前に数回かき混ぜて空気を含ませる。
3. 完全に凍る前にダークチョコレート加え混ぜる。

メモ
モリンガは、"奇跡のハーブ" とも呼ばれ、1日で 2cm も成長し、驚異的な生命力と、高い栄養価を含むといわれています。インドの伝統医学アーユルヴェーダでは、"300 もの病気を防ぐ" とも言われています。

Quick Vanilla Sorbet
クイックバニラソルベ

ここでは、私のお気に入りの簡単アイスクリームのテクニックをご紹介します！ チョコレートガナッシュソース P53参照 や、マカキャラメルソース P53参照 、クランチートッピング P157参照 で楽しさ＆おいしさを倍増しましょう！

> 材料：3 と 3/4 カップ分
> 必要器具：ハイパワーブレンダー（ミキサー）

カシューナッツ（浸水）……1 カップ（100g）
好みのナッツミルク P23参照 ……トータル 830ml（750ml ＋ 80ml）
はちみつまたは好みの液体甘味料……大さじ 5 〜 6
バニラエキストラクト……小さじ 1
バニラビーンズ（縦半分に割り、種のみ使用）【オプション】……1/2 本分

1. ナッツミルクの 750ml（3 と 3/4 カップ）分は、アイスキューブトレーに入れて一晩または固まるまで、凍らせる（残りの 80ml 分は、他の材料とブレンドする用にとっておく）。
2. 凍らせたナッツミルク以外の全ての材料を、（とっておいた 80ml 分のナッツミルクも加えて）ブレンダーでなめらかになるまで撹拌する。
3. 最後に、凍らせたナッツミルクを加えて、氷が完全に液体となじんでシャーベット状になるまで撹拌する（バイタミックスを使用している場合はタンパーを使って、氷をブレンダーの刃に押し込むと、容易に混ざる）。
4. 1 時間ほど、冷凍庫で完全に固める。

応用

クイックラベンダーソルベ
ドライラベンダー小さじ 1 を加えて撹拌する。

クイックラムレーズンソルベ
ラム酒小さじ 1 または、"メディシンフラワー"のラムエキストラクト P18参照 2 〜 3 滴を加えて撹拌し、最後にレーズン大さじ 6 を加えて数秒間のみ撹拌する。

クイック抹茶ソルベ
抹茶大さじ 2 と好みの甘味料大さじ 1 〜 2 を加えて撹拌し、最後にとレーズン大さじ 6 を加えて数秒間のみ撹拌する。

クイックミントチョコチップソルベ
ペパーミントの葉 1/2 カップ（またはミントエキストラクト小さじ 1 またはエッセンシャルオイル数滴）、色づけのためにオプションで、大麦若葉小さじ 2 を加えて撹拌する。ボウルに移し、荒く刻んだダークチョコレート 2/3 カップ（120g）を混ぜ合わせる。

Quick Peanut Butter Ice Cream
クイックピーナッツバターアイスクリーム

世界中で、ピーナッツバターとアイスクリームが嫌いな人っているのかな？ ダントツで人気の組み合わせです！

> 材料：3 と 3/4 カップ分
> 必要器具：ハイパワーブレンダー（ミキサー）

好みのナッツミルク `P23参照` ……トータル 830ml（750ml ＋ 80ml）
ピーナッツバター……大さじ 6（80g）
　　▶代用品：アーモンドバター＋"メディシンフラワー"のピーナッツエキストラクト `P18参照` ……5 〜 8 滴
メープルシロップまたは好みの液体甘味料……大さじ 5 〜 6
バニラエキストラクト……小さじ 1

1. ナッツミルクの 750ml（3 と 3/4 カップ）分は、アイスキューブトレーに入れて一晩または固まるまで、凍らせる（残りの 80ml 分は、他の材料とブレンドする用にとっておく）。
2. 凍らせたナッツミルク以外の全ての材料を、（とっておいた 80ml 分のナッツミルクも加えて）ブレンダーでなめらかになるまで撹拌する。
3. 最後に、凍らせたナッツミルクを加えて、氷が完全に液体となじんでシャーベット状になるまで撹拌する（バイタミックスを使用している場合はタンパーを使って、氷をブレンダーの刃に押し込むと、容易に混ざる）。
4. 1 時間ほど、冷凍庫で完全に固める。

Quick Orange Cacao Sorbet
クイックオレンジカカオソルベ

カカオとオレンジは最高の仲良しです！

> 材料：4 カップ分
> 必要器具：ハイパワーブレンダー（ミキサー）

カシューナッツ（浸水）……2/3 カップ（65g）
オレンジジュース……トータル 870ml（750ml ＋ 120ml ）
はちみつまたは好みの液体甘味料……大さじ 5 〜 6
バニラエキストラクト……小さじ 1
カカオパウダー……大さじ 2
オレンジの皮のすり下ろし……大さじ1　▶代用品：オレンジエッセンシャルオイル……数滴

1. オレンジジュースの 750ml（3 と 3/4 カップ）分は、アイスキューブトレーに入れて一晩または固まるまで、凍らせる（残りの 120ml 分のオレンジジュースは、他の全ての材料とブレンドする用にとっておく）。
2. 凍らせたオレンジジュース以外の全ての材料を、（とっておいた 120ml 分のオレンジジュースも加えて）ブレンダーでなめらかになるまで撹拌する。
3. 最後に、凍らせたオレンジジュースを加えて、氷が完全に液体となじんでシャーベット状になるまで撹拌する（バイタミックスを使用している場合はタンパーを使って、氷をブレンダーの刃に押し込むと、容易に混ざる）。
4. 1 時間ほど、冷凍庫で完全に固める。

Sayuri's Raw Vegan Sweets　165

Mini Banana Split
ミニバナナスプリット

アメリカで人気の簡単バナナスウィーツ！ 余裕で毎日いけちゃいます。

材料：1人分

バナナ（縦に半分にカット）……1/2本分
好みのアイスクリーム 好みのアイスクリームレシピ参照 ……1〜2すくい
バニラホイップクリーム P51参照 ……大さじ2〜4
チョコレートガナッシュソース P53参照 ……小さじ1〜2
フレッシュチェリー……1個　▶代用品：好みのフルーツ

1. よく冷えたお皿の上に、すくったアイスクリームを置く。
2. アイスクリームの両サイドに沿ってくっつけるようにバナナを置く。
3. バニラホイップクリームをアイスの上に絞り出し、チョコレートガナッシュソースをかけ、最後にチェリーを飾る。

Mango Blueberry Pops
マンゴーブルーベリーアイスキャンディー

美しい色が層になって、見た目にも楽しい、アイスキャンデー！ ちなみに、どんなスムージーでも、型に入れて凍らせれば、あっという間にアイスキャンディーの出来上がりですよ！

> 材料：10〜14個分（アイスキャンディー型のサイズによります）
> 必要機器：ブレンダー（ミキサー）、アイスキャンディー型

パイナップル（ざく切り）……2と1/2カップ分
バナナ（ざく切り）……1と1/2カップ分
マンゴー（ざく切り）……1カップ分
好みのナッツミルク　**P23参照**　……2カップ
はちみつまたは好みの液体甘味料【オプション】……大さじ1
ブルーベリー……1と1/4カップ

1. ブルーベリー以外の全ての材料を、ブレンダーでなめらかになるまで撹拌する。
2. 半量をアイスキャンディー型へ注ぐ。
3. 残りの半量に、ブルーベリーを加えて、ブレンダーでなめらかになるまで撹拌する。
4. 最初の層の上に静かに流し込む。
5. アイスキャンディー用の棒を差し込み固定する。
6. 冷凍庫で完全に固める。

ありがとう!

美味しいスウィーツでたくさんの人を幸せに、そして笑顔にしましょう!

Thanks to all my beautiful people!

Let's make lots of yummies and sweets to make us all happy and smile!

Sayuri's Cook Book　Vol.1　　　　　　　　　　　シリーズ本のご紹介

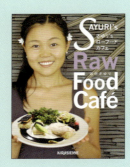

Sayuri's Raw Food Café
さゆり's ローフードカフェ

小社刊／ISBN 978-4-906913-24-4　／定価 1,500 円＋税

リトリートオーガナイザー、シェフ、ローフード講師として世界で活躍してきた著者が、各国の料理をローフードでアレンジしたメインディッシュが必見の一冊。日本をはじめ、イタリア、メキシコ、ギリシャ、タイ、インド、韓国、インドネシアの国際色豊かな料理を食べて世界を旅する気分を満喫しましょう。その他、サラダ、スープ、スムージー、スウィーツなど、日常の食事に取り入れやすいレシピが揃っているので、様々なシーンで活躍しそうです。

1. にぎり寿司三種　アボカド握り、ココナッツ"イカ"、"うなぎ"の照り焼き風　2. "エッグ"ベネディクト　3. タイ風バジルスナック　4. ズッキーニラップ　5. パッタイヌードル with アーモンドチリソース　6. バニラチアポリッジ　7. ルジャック ～スパイシーなフルーツピクルス～　8. ナムル ～韓国風ピクルス～、コリアンくるみ味噌、ジンジャーライス　9. コフタコロッケ

Sayuri's Cook Book Vol.2

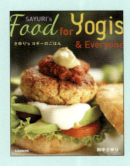

Sayuri's Food for Yogis & Everyone
さゆり's ヨギーのごはん

小社刊／ISBN 978-4-906913-42-8／定価 1,500 円+税

　ヨガがポジティブな変化を生み出すように、彼女の料理はあなたの心と体を新たな世界へと導きます。世界各地のリトリートセンターでヨギーのために作ってきた料理の中でも、特に人気のある美味しくて栄養価の高いレシピをまとめた 2 冊目の著書。ボリューム満点で食欲をそそる料理は、ヨギーにパワフルなエネルギーを与えてくれます。全てヴィーガンでヘルシー、そして簡単なので、全ての人に喜んでもらえるレシピ集です。

1. 豆腐ピザ　2. 豆腐バーガーサンドイッチ　3. メキシカンチリビーンズ、ロークルミのメキシカンタコミート、パイナップルサルサ、ワカモーレ　4. 和風照り焼き豆腐ハンバーグどんぶり　5. ビーツのデトックススープ　6. キャロットケーキ with 豆腐ホイップクリーム　7. チャパティでトルティーヤ、ファラフェル、タヒニソース、ハモス、タプナード、ババガヌーシュ、クスクスのタブーレサラダ　8. タイ風焼きそば　パッタイ with 豆腐エッグ　9. ほうれん草と豆腐チーズのインドカレー　パラクパニール

Sayuri's Cook Book Vol.4

Sayuri's Raw Food Café Vol.2 幸せ体質になる腸活レシピ
さゆり's ローフードカフェ vol.2 幸せ体質になる腸活レシピ

小社刊／ISBN 978-4-906913-80-0／定価 1,800 円＋税

　バリ島ウブドで大人気のローフード＆ヴィーガンシェフさゆりによる、エコ、エシカル、サステナブルな世界のヴィーガン料理が満載！私たちの脳とお腹は繋がっていて、思考や思いと腸内環境はお互いに影響し合っています。要するに腸が整えば、脳にハッピー信号が届き、気分がポジティブになり、幸せオーラに包まれるのです。美味しく食べて、健康と幸せ体質を手に入れましょう。

1. スムージー　2. ギリシャ風サラダ ウィthフェタチーズ　3. ビーツラビオリ　4. サンドイッチ　5. パラクパニール～ほうれん草とチーズのカレー　6. 中華風味噌クレープ巻き　7. メキシカンラザニア　8. 地中海風パプリカのナッツ詰め　9. キャロットクラッカー

プラントベースで楽しむヘルスコンシャスライフ

veggy ベジィ

隔月10日発売　定価917円＋税

Back Nunber

vol.51
おいしいデトックス

vol.52
マインドフルネス
ダイエット

vol.53
スパイス＆
ハーブ料理

vol.54
お外でベジごはん

vol.55
カラダにいいオイル

vol.57
人生がなごむ
マクロビオティック

vol.58
腸活のススメ

vol.59
最新！
オーラルケア

vol.60
進化する！
ベジタリアンの栄養学

vol.61
あまくて優しい
お菓子に夢中

vol.62
ココロとカラダを癒す
開運レシピ

vol.63
めざめよ！
腸脳力

vol.64
ココロとカラダの
デトックス

vol.65
最強ヘルシーな
脂質

vol.66
快眠食

vol.67
マクロミネラル＆
ミクロミネラル

veggy Books

**まるごとそのまま野菜を食べよう
RAW FOOD RECIPE 増補改訂版**

土門大幸
1,400円＋税／ISBN 978-4-906913-37-4
北海道のローフードカフェ LOHAS のオーナーでローフードシェフの著者が教える、毎日続けられる簡単なレシピが満載。

**はじめての
ローチョコレート**

veggy 特別編集／齋藤志乃、前田直宏、羽田賀恵、シンヤチエ、松田すみれ、狩野玲子
1,500円＋税／ISBN 978-4-906913-16-9
サプリのようなローチョコレート。基本から応用まで。

**ドイツ薬草療法の知恵
聖ヒルデガルトのヒーリングレシピ**

森ウェンツェル明華
1,700円＋税／ISBN 978-4-906913-87-9
900年前のドイツで自然療法を広めた修道女ヒルデガルト。彼女が推奨した食材やハーブを使ったレシピ集は、ホリスティックな癒しの入門書に最適。

**食べて美しくなる
Royal Vegan Recipe**

立石里香
1,500円＋税／ISBN 978-4906913-54-1
ローフード、酵素、デトックス、マクロビオティックで健康と美容を追求した一冊。簡単だけどゴージャスな王宮風。

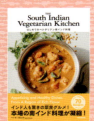

**はじめてのベジタリアン南インド料理
The South Indian Vegetarian Kitchen**

ヘーマ・パレック
1,500円＋税／ISBN 978-4-906913-69-5
米が主食であり、グルテンフリーが多い南インド料理をわかりやすく70レシピ収録。バイリンガル対応。

**カナダを旅するヴィーガンレシピ
Canadian Vegan Recipes**

キャロライン・イシイ
1,500円＋税／ISBN 978-4906913763
カナダ人ヴィーガンシェフの日本初のレシピ本。カナダの食べ物の歴史や文化を巡りながら楽しめる一冊。

ご注文は電話・FAX・メールでも受付中

＊合計金額5,000円以下の場合は送料・代引手数料500円をご負担いただきます。
＊キラジェンヌへ直接ご注文いただいた場合に限ります。　＊代金引換でのお支払いとなります。（手数料無料）
＊北海道、四国、九州への発送は別途送料500円、沖縄への発送は別途送料1,500円を頂戴いたします。
＊お名前・ご住所・連絡先電話番号・番号・書籍名・冊数をお伝え下さい。

全国の書店、またはAmazonなどのネットショップでもご注文いただけます。

**EDIBLE FLOWER LIFE
食べる花のある生活**

小松美枝子
1,500円＋税／ISBN 978-4-906913-70-1
次世代スーパーフード、エディブルフラワー（食べる花）。植物性素材で作るレシピと育てて作る楽しみを凝縮。100種の食用科図鑑収録。

**星座別
運を呼び込む幸せレシピ**

ルミナ山下、いとうゆき
1,500円＋税／ISBN 978-4-906913-79-4
3万人のファンを持つソウルメッセンジャーが贈る、太陽・月・金星という3つの星座メッセージと、星座別48レシピを収録。

**5色の野菜でからだを整える
ベジ薬膳 VEGE YAKUZEN**

谷口ももよ
1,500円＋税／ISBN 978-4-906913-55-8
季節や体調に合わせて作る薬膳の菜食レシピ。一部卵乳を使用。意外にも簡単で満足感のある薬膳に夢中になるはず。

**お豆腐×お野菜でつくる
美人薬膳ごはん**

谷口ももよ
1,600円＋税／ISBN 978-4-906913-75-6
大人気の著者による第2弾。お豆腐の持つ効果効能に注目し、野菜との組み合わせで美容と健康に役立つ美味しい薬膳レシピ集。

**三河みりんで味わう
プチマクロ料理**

西郷マユミ
1,200円＋税／ISBN 978-4-906913-10-7
伝統製法のみりんの美味しさを堪能するマクロビオティックのレシピ。日本食のほか世界の料理やスウィーツ、カクテルまで。

**発酵リビングフード
～発酵のチカラで生なのに作りおき！～**

睦美
1,500円＋税／ISBN 978-4906913-65-7
酵素ジュースや日本古来の発酵食品を使用して作るメニューの数々は、「生なのに作りおきができる」のが特長。

📞 03-5371-0041（平日10時～17時）　　📠 03-5371-0051　　✉ book@kirasienne.com

キラジェンヌ株式会社

カバー写真——宗野歩
デザイン———久保洋子、北田彩
編集・校正——吉良さおり、大国沙織、渡邉絵梨子

世界最強・最新
ロー・ヴィーガン・スウィーツ
グルテンフリー&パレオダイエット 改訂版

発行日　2019年12月25日初版発行

著者　　田中さゆり

発行者　吉良さおり
発行所　キラジェンヌ株式会社
　　　　〒151-0073 東京都渋谷区笹塚3-19-2 青田ビル2F
　　　　TEL：03-5371-0041 ／ FAX：03-5371-0051
印刷・製本　日経印刷株式会社

定価はカバーに表示してあります。落丁本・乱丁本は購入書店名を明記のうえ、小社あてにお送りください。送料小社負担にてお取り替えいたします。本書の無断複写（コピー、スキャン、デジタル化等）ならびに無断複製物の譲渡および配信は、著作権法上での例外を除き禁じられています。本書を代行業者の第三者に依頼して複製する行為は、たとえ個人や家庭内の利用であっても一切認められておりません。

©2019 KIRASIENNE.Inc Printed in Japan
ISBN978-4-906913-93-0 C2077